Anika Peltzer

Unbegleitete minderjährige Flüchtlinge aus Guinea

Erwartungen und Bedarfe versus Lebensrealität

Diplomica Verlag GmbH

Peltzer, Anika: Unbegleitete minderjährige Flüchtlinge aus Guinea. Erwartungen und Bedarfe versus Lebensrealität, Hamburg, Diplomica Verlag GmbH 2016

Buch-ISBN: 978-3-95934-988-8
PDF-eBook-ISBN: 978-3-95934-488-3
Druck/Herstellung: Diplomica® Verlag GmbH, Hamburg, 2016
Covermotiv: © pixabay.de

Bibliografische Information der Deutschen Nationalbibliothek:
Die Deutsche Nationalbibliothek verzeichnet diese Publikation in der Deutschen Nationalbibliografie; detaillierte bibliografische Daten sind im Internet über http://dnb.d-nb.de abrufbar.

© Diplomica Verlag GmbH
Hermannstal 119k, 22119 Hamburg
http://www.diplomica-verlag.de, Hamburg 2016
Printed in Germany

"Mache dir keine falschen Vorstellungen: Du wirst niemals ein anderer sein, weil du bereits du selbst bist. Mag der Baumstamm auch noch so lange im Wasser stehen, nie wird er zum Krokodil werden"

(Diallo 1987, S.54f.).

Inhaltsverzeichnis

Abkürzungsverzeichnis

Abs.	Absatz
AsylG	Asylgesetz
AufenthG	Aufenthaltsgesetz
BAföG	Bundesausbildungsförderungsgesetz
BAMF	Bundesamt für Migration und Flüchtlinge
BeschV	Beschäftigungsverordnung
BGB	Bürgerliches Gesetzbuch
BGBEG	Einführungsgesetz zum Bürgerlichen Gesetzbuche
BMBF	Bundesministerium für Bildung und Forschung
bzw.	beziehungsweise
ebd.	ebenda
GFK	Genfer Flüchtlingskonvention
KSÜ	Haager Kinderschutzübereinkommen
MFH	medizinische Flüchtlingshilfe
SGB	Sozialgesetzbuch
UmA	unbegleiteter minderjähriger Ausländer
UMF	unbegleitete minderjährige Flüchtlinge
UN-KRK	UN-Kinderrechtskonvention
vgl.	vergleiche
vs.	versus

1. Einleitung

Durch Kriege, soziale Missstände und Armut verlassen immer mehr Menschen ihre Heimat. Ende des Jahres 2014 waren laut UNHCR circa 60 Millionen Menschen weltweit auf der Flucht. Der größte Anteil der Flüchtlinge, ca. 86 Prozent, lebt in sogenannten Entwicklungsländern. Nur wenige Flüchtlinge nehmen den gefährlichen Fluchtweg in Richtung Europa in Kauf, oder bleiben in der Nähe ihres Heimatlandes, da sie auf eine baldige Rückkehr hoffen (vgl. UNCHCR 2014). Fünfzig Prozent der weltweiten Flüchtlinge sind Kinder (vgl. ebd.). Eine besondere Personengruppe der Flüchtlingskinder sind die, die ohne Begleitung ihrer Eltern einreisen und als "unbegleitete minderjährige Flüchtlinge" bekannt sind.

„Im Jahr 2015 haben 14.439 unbegleitete Minderjährige in Deutschland einen Asylerstantrag gestellt, davon 4.143 Personen (28,7 %), die unter 16 Jahre alt waren, und 10.296 Personen (71,3 %) im Alter von 16 bis unter 18 Jahren" (vgl. Bamf 2015).

Seit dem 01.11.2015 werden minderjährige unbegleitete Flüchtlinge an vielen Orten unbegleitete minderjährige AusländerInnen genannt (umA) (vgl. BumF 2015). Der Bundesfachverband UMF kritisiert diesen Begriff, da die Motivation, den Begriff „Flüchtling" zu ersetzen, unter anderem damit begründet wird, „dass bei deren Einreise keineswegs erwiesen sei, ob es sich bei den Jugendlichen um anerkannte Flüchtlinge nach der Genfer Flüchtlingskonvention handle oder nicht" (vgl. ebd.).

Die Autorin teilt die Meinung des BumF und wird in der folgenden Untersuchung bei der bisher geläufigen Bezeichnung des unbegleiteten minderjährigen Flüchtlings bleiben.

Eine zunehmende Anzahl von Menschen flüchtet nach Europa und somit auch nach Deutschland. Dadurch nimmt das Thema nicht nur mehr Präsenz in den Medien, sondern auch immer mehr Gewicht in der Sozialen Arbeit ein.

Heilpädagog_innen und Sozialarbeiter_innen müssen sich den Herausforderungen im Alltag in Einrichtungen der Kinder- und Jugendhilfe, im Jugendamt als Sachbearbeiter_innen und Amtsvormündern und Amtsvormundinnen, oder als Sozialarbeiter_innen im Asylbewerberheim stellen.

Die Autorin ist ehrenamtliche Vormundin von einem unbegleiteten, minderjährigen Flüchtling aus Guinea, der in Bochum lebt.

Die vorliegende Studie beschäftigt sich mit unbegleiteten minderjährigen Flüchtlingen in Bochum und setzt sich mit den Erwartungen und Bedürfnissen dieser Personengruppe auseinander.

Im Verlauf der Erstellung der Untersuchung ergaben sich folgende Fragestellungen: Welche Erwartungen und spezielle Bedarfe haben UMF aus Guinea, die in Bochum leben?

Welche Aufträge ergeben sich daraus, die für den heilpädagogischen Arbeitskontext relevant sind? Welche Unterstützung brauchen UMF aus Guinea seitens der Heilpädagog_innen?

Zunächst werden die wichtigsten Begriffe erläutert, im Anschluss werden genauere Fakten zu dem Themenfeld „Flucht" insbesondere dem Herkunftsland Guinea erörtert. Nach der Beschäftigung mit den wichtigsten internationalen, als auch deutschen Rechtsgrundlagen für unbegleitete minderjährige Flüchtlinge, wird die methodische Vorgehensweise für den Prozess der Untersuchung vorgestellt. Das Ausländerrecht ist sehr umfangreich, daher werden für die Erstellung dieser Studie nur die wichtigsten Gesetzestexte benannt. Der Schwerpunkt des Buches ist die Auswertung der Forschungsergebnisse, die im letzten Kapitel eingegliedert sind. Die Ergebnisse werden mit den Inhalten aus der Literatur verknüpft, im Anschluss daran folgt die Schlussbetrachtung und ein Ausblick.

2. Begriffserklärung

In diesem Kapitel werden verschiedene, für die Studie relevante Begriffe erläutert.

2.1 Begriffserklärung Flüchtling

Gemäß Artikel 1 A Nr. 2 der Genfer Flüchtlingskonvention ist ein Flüchtling eine Person, die

> *„aus der begründeten Furcht vor Verfolgung wegen ihrer Rasse, Religion, Nationalität, Zugehörigkeit zu einer bestimmten sozialen Gruppe oder wegen ihrer politischen Überzeugung sich außerhalb des Landes befindet, dessen Staatsangehörigkeit sie besitzt, und den Schutz dieses Landes nicht in Anspruch nehmen kann oder wegen dieser Befürchtungen nicht in Anspruch nehmen will; oder die sich als staatenlose infolge solcher Ereignisse außerhalb des Landes befindet, in welchem sie ihren gewöhnlichen Aufenthalt hatte, und nicht dorthin zurückkehren kann oder wegen der erwähnten Befürchtungen nicht dorthin zurückkehren will".*

In der folgenden Abhandlung schließt der Begriff „Flüchtling" jedoch auch Personengruppen ein, die nicht offiziell unter diesen juristischen Begriff fallen. Beispielsweise auch Personen, die bisher nur eine Duldung erhalten haben.

2.2 Begriffserklärung Unbegleiteter Minderjähriger

In der Literatur ist keine einheitliche Definition für den Begriff „unbegleiteter minderjähriger Flüchtling" zu finden. In dem folgendem Teilkapitel werden die Begriffe „unbegleiteter Minderjähriger" nach den Richtlinien des Europäischen Parlaments und des Rates definiert.

In der Richtlinie 2013/33/EU des Europäischen Parlaments und des Rates vom 26. Juni 2013 Artikel 2 (e) handelt es sich bei der Begriffsbezeichnung unbegleiteter Minderjähriger, um:

> *„ „unbegleiteter Minderjähriger" einen Minderjährigen, der ohne Begleitung eines für ihn nach dem einzelstaatlichen Recht oder den Gepflogenheiten des betreffenden Mitgliedstaats verantwortlichen Erwachsenen in das Hoheitsgebiet eines Mitgliedstaats einreist, solange er sich nicht tatsächlich in der Obhut eines solchen Erwachsenen befindet; dies schließt Minderjährige ein, die nach der Einreise in das Hoheitsgebiet eines Mitgliedstaats dort ohne Begleitung zurückgelassen wurden".*

Des Weiteren ist im Artikel 2 (d) vermerkt, dass eine minderjährige Person ein Drittstaatsangehöriger oder Staatenloser unter 18 Jahren ist.

2.3 Begriffserklärung Bedarf

Im Duden wird Bedarf als *"in einer bestimmten Lage Benötigtes, Gewünschtes; Nachfrage nach etwas"* definiert (Duden 2016).

Laut Politlexikon steht ein Bedarf für eine *"zum Erreichen eines bestimmten Zieles erforderliche Menge, Intensität, Dauer bzw. der hierzu erforderliche Aufwand"* (Schubert/Klein 2016).

Häufig wird Badarf synonym mit dem Wort Bedürfnis verwendet (vgl. Heidack 1992, S. 14).

In diesem Buch wird Bedarf als eine Nachfrage nach beispielsweise Nahrung oder Kleidung angesehen und schließt das Bedürfnis nach Essen, oder sich durch Kleidung zu schützen mit ein. Demnach wird der Begriff Bedarf in dieser Untersuchung synonym mit dem Begriff Bedürfnis verstanden.

2.4 Begriffserklärung Erwartung

Im Duden wird Erwartung mit "Zustand des Wartens, (...) Spannungvorausschauende Vermutung, Annahme, Hoffnung" definiert (Duden 2016). In dieser Abhandlung wird der Begriff der Erwartung als Annahme von Tatsachen und die Spannungsvoraurschauende Vermutung verstanden.

3. Flucht

Im folgenden Kapitel werden mögliche Fluchtgründe, die häufigsten Herkunftsländer von unbegleiteten minderjährigen Flüchtlingen, die nach Deutschland kommen und ihre Fluchtwege erörtert. Im Kapitel „7.3 Flucht aus Guinea" werden mögliche Fluchtwege von Guinea nach Bochum vorgestellt.

3.1 Fluchtgründe

Es gibt unzählige Gründe, warum Kinder und Jugendliche sich auf den Weg nach Europa machen. Mögliche Ursachen zur Flucht sind Krieg, Zwang zur Tätigkeit als Kindersoldat, politische Verfolgung, sexuelle Orientierung, Zugehörigkeit zu einer ethnischen Minderheit, familiäre Gewalt, weil sie im Herkunftsland ihre Religion nicht ausüben dürfen, Flucht vor religiöser Unterdrückung, schlechte, wirtschaftliche Bedingungen, sexuelle Gewalt, oder Zwangsheirat (vgl. Angenendt 2000, S. 28 ff.). Auch Bürgerkriege und politische Instabilität oder weibliche Genitalverstümmelung, wie beispielsweise in Guinea, können Auslöser für eine Flucht sein (vgl. BAMF 2014). Familien werden mittlerweile häufiger getrennt als früher, dies ist möglicherweise auf veränderte Schleuserstrategien während der Flucht zurückzuführen, jedoch werden Kinder teilweise bewusst von ihren Eltern nach Europa geschickt (vgl. ebd.).

In Deutschland gibt es keine Erfassung der Fluchtgründe im Asylverfahren von unbegleiteten minderjährigen Flüchtlingen, so dass es keine offizielle Auswertung über vorgetragene Fluchtgründe gibt und welche davon anerkannt wurden (vgl. Berthold; Espenhorst 2013, S. 147).

3.2 Herkunftsländer

Im Jahr 2015 kamen die meisten unbegleiteten Minderjährigen, die in Deutschland einen Asylantrag gestellt haben, aus Afghanistan, Syrien, Eritrea und dem Irak (vgl. BAMF 2016, S.20).

In Bayern wurden die meisten Asylerstanträge von unbegleiteten minderjährigen Flüchtlingen gestellt, gefolgt von Nordrhein- Westfalen und Hessen (vgl. ebd., S.20).

3.2.1 Guinea

In diesem Kapitel werden zuerst allgemeine Fakten über das Land Guinea benannt. Im Anschluss folgen Informationen über den Volksstamm "Fulbe".

3.2.2 Zahlen und Daten

Die Republik Guinea, mit ihren circa 11,4 Millionen Einwohner_innen liegt in Westafrika, die Hauptstadt heißt Conakry (vgl. Auswärtiges Amt 2016).

Seit 1958 ist die Republik Guinea, die ehemals eine Kolonie war, von Frankreich unabhängig (vgl. Diallo 2000, S.11).

Präsident Alpha Condé regiert seit 2010 die Republik Guinea (vgl. ebd.).

Die Amtssprache ist Französisch, jedoch gibt es viele verschiedene Stämme, mit mehr als 20 verschiedenen Sprachen (vgl. ebd.).

Über 90 Prozent der Bevölkerung sind muslimischen Glaubens, fünf Prozent sind katholisch, circa ein Prozent Anglikaner, außerdem herrscht ein weit verbreiteter Animismus (vgl. Auswärtiges Amt 2016).

Guinea zählt trotz eines hohen Anteils an Bodenschätzen zu den ärmsten Ländern der Welt (vgl. Auswärtiges Amt 2016). Knapp 70 Prozent der Bevölkerung lebt von weniger als zwei US Dollar am Tag (vgl. ebd.).

Circa 65 Prozent der Guineer sind Analphabeten. Im Jahr 2011 gingen Erwachsene im Durchschnitt 1,6 Jahre zur Schule (vgl. ebd.). Im Vergleich zu anderen Staaten in Afrika liegen die Staatsausgaben für Bildung unter dem Durchschnitt (vgl. ebd.).

Laut dem "Transparency International Corruption Perception Index" von 2015 liegt Guinea im internationalen Vergleich auf Platz 139 von 167, wobei Platz eins von dem am wenigsten korrupten Staat belegt ist und Platz 167 von dem Staat, der am korruptesten ist. Dies zeigt deutlich, dass für Guineer Bestechung ein Teil der alltäglichen Realität ist.

Die durchschnittliche Lebenserwartung der Bevölkerung liegt bei circa 54 Jahren (vgl. Auswärtiges Amt 2016).

In den vergangen Jahren gab es seitens des Militärs zahlreiche Menschenrechtsverletzungen, zum Beispiel wurden 2009 hunderte Demonstranten getötet und Frauen sowie Kinder vergewaltigt (vgl. ebd.).

Mehr als 90 Prozent der Mädchen und Frauen in Guinea werden im Genitalbereich beschnitten (vgl. UNICEF 2013).

Im Dezember 2013 brach die Viruserkrankung Ebola in Guinea aus und verbreitete sich in Westafrika (vgl. WHO 2014). Im April 2016 wurden die letzten Ebolainfektionen gemeldet (vgl. Auswärtiges Amt 2016).

3.2.3 Fulbe

In Guinea gibt es circa zwanzig unterschiedliche Volksgruppen (vgl. Diallo 2000, S. 13). Circa 40,5 % der Einwohner in Guinea gehören dem Volksstamm der Fulbe an (vgl. ebd, S. 14). Bis heute ist nicht klar, wo dieser Stamm seinen Ursprung hat, da es verschiedene wissenschaftliche Theorien zu diesem gibt (vgl. ebd., S. 79f.). Die Mehrheit der Wissenschaftler gehen davon aus, dass die Fulbe ein Nomadenvolk sind, das ursprünglich aus Ägypten stammt (vgl. ebd., S. 81).

Die meisten unbegleiteten Jugendlichen in Bochum, die aus Guinea kommen, gehören zum Stamm der Fulbe. Die Muttersprache der Fulbe ist „Pular" und ist unter anderem auch als „Fulfulde", „Fulani", „Peul" oder „Fula[1]" bekannt (vgl. Diallo 2000, S. 186). Da die Amtssprache in Guinea französisch ist, wachsen viele Kinder und Jugendliche bilingual auf (vgl. Diallo 2000., S. 67).

Die Fulbe sind Muslime, trotzdem glaubt ein großer Teil von ihnen an Hexerei und insbesondere an den „bösen Blick" (vgl. ebd. S.63f.). Dies steht jedoch im Widerspruch zum Islam, da im Koran steht, dass Muslime nur an einen Gott[2] glauben dürfen (vgl. ebd., S. 63f.).

Die Fulbe erziehen ihre Kinder streng und verlangen von ihnen viel Disziplin (vgl. ebd., S. 21). Nach Diallo sind folgende „allgemeine Merkmale der Erziehungstraditionen in Afrika" zu nennen: *„Hochachtung und Autorität der alten Menschen"*, *„Solidarität und Wahrheit*

---

1 Die UMF aus Bochum nennen ihre Sprache und ihren Volksstamm"Fula".
2 Im Islam wird Gott "Allah" genannt

(Aufrichtigkeit)", *„Zusammenhalt der Verwandtschaft und Kontinuität der Familie"*, *„Respekt, Toleranz und Gastfreundlichkeit"* (ebd., S. 33).

Das Erziehungskonzept der Fulbe basiert auf folgenden Aspekten:

1. Disziplin: Disziplin ist das Fundament der Fulbe-erziehung, da der Zusammenhalt der Familie, die Ordnung und die Solidarität dieser davon abhängt (vgl. ebd., S. 97).

2. Zuverlässigkeit: Auch die Zuverlässigkeit ist unabdingbar im familiären System der Fulbe (vgl. ebd., S. 97).

3. Gehorsam: Die jüngeren Menschen haben auf das Wort der älteren zu hören und profitieren von ihrer Lebenserfahrung (vgl. ebd., S. 97).

4. Hierarchie: Hier ist die klare Altershierarchie gemeint, ältere Menschen gelten als Autoritätspersonen und werden von den Jüngeren geachtet und respektiert (vgl. ebd., S. 97).

Die Kernpunkte der Erziehung sind die Achtung des Alters, Respekt, Solidarität, Toleranz und Gastfreundlichkeit (vgl. Diallo 2000, S. 98). Aber auch Intelligenz, Bildung und der Glaube sind Kernpunkte des Erziehungskonzepts (vgl. ebd., S. 98ff.). Schweigsamkeit ist ein Zeichen für Selbstbeherrschung und Klugheit, die Guineer schätzen untereinander, wenn ein Geheimnis bewahrt wird und Emotionen kontrolliert werden (vgl. ebd., S. 66).

Respekt ist sehr wichtig für den Stamm der Fulbe, Diskriminierungen oder Beleidigungen können sie nicht dulden und nur schwer aushalten (vgl. ebd., S. 100).

Viele Kinder besuchen ab dem siebten Lebensjahr die Koranschule, in dem die Grundkenntnisse des islamischen Glaubens vermittelt werden (vgl. ebd., S. 104f.). Vor allem werden dort die fünf Säulen des Islams gelehrt:

1. das Glaubensbekenntnis zu Allah,

2. jeder Moslem und jede Muslima müssen fünf Mal am Tag beten,

3. alle Muslime müssen bei Wohlstand, Almosen an ärmere Menschen geben,

4. im Fastenmonat Ramadan muss gefastet werden und

5. jeder Muslim muss ein Mal in seinem Leben nach Mekka pilgern (vgl. Diallo 2000, S. 104f.).

Die Frauen in der Fulbe-Gesellschaft haben eine bedeutende Stellung, da sie sowohl für die Kindererziehung, die Essenszubereitung, aber auch für Feldarbeiten und den Handel zuständig sind (vgl. ebd., S.123). Die Mädchen besuchen viel seltener eine Schule als die Jungen der Fulbe, da sie schon früh in die alltäglichen Arbeiten der Mutter eingebunden werden (vgl. ebd., S.123f.).

Des Weiteren ist es nicht unüblich, dass die Mädchen bereits im Alter von 15 Jahren heiraten (vgl. ebd., S.124). Daher ist ein Erklärungsmodell der Polygamie, die auch bei den Fulbe praktiziert wird, die finanzielle Absicherung der Frauen (vgl. ebd., S.47).

Die Eheschließung und die Fortpflanzung gelten als heilige Verpflichtung und sind lebensnotwendig, da Kinder „als Sicherheitsgarantie für die Zukunft" gelten, denn in Guinea gibt es weder Sozialamt noch Rentenversicherung (ebd., S.47).

3.3 Fluchtwege

Die Einreise nach Deutschland erfolgt meist mit Unterstützung von Fluchthelfer_innen, die gegen hohe Geldsummen Menschen zur Flucht nach Europa verhelfen (vgl. Mayer; Quade 2014, S. 6f). Die Flucht dauert Monate oder Jahre und ist je nach Transportmittel sehr beschwerlich und vor allem gefährlich, sowohl körperlich als auch seelisch (vgl. Mayer; Quade 2014, S.7). Als häufigstes Transportmittel der Fluchthelfer_innen dienen unter anderem Boote, die meist viel zu klein ausfallen für die Masse an Menschen, die mit diesen das Meer überqueren (vgl. ebd., S. 7). Andere Verkehrsmittel sind Lastkraftwagen, Busse oder Kühllaster (vgl. ebd., S. 7).

Vereinzelt verbleiben die Jugendlichen sogar im Zielland noch in Abhängigkeitsverhältnissen zu den Fluchthelfer_innen, um beispielsweise ihre Schulden abzuarbeiten (vgl. Rieger 2010, S. 21).

3.4 Geschlecht

Circa 80 Prozent der unbegleiteten, minderjährigen Flüchtlinge sind männlich (vgl. Berthold; Espenhorst 2013, S. 147).

4. Internationaler Schutz für UMF

Im folgenden Kapitel werden zwei bedeutende internationale Schutzabkommen vorgestellt, dessen Artikel für Deutschland verbindlich sind.

4.1 Genfer Flüchtlingskonvention

Das Abkommen über die Rechtsstellung der Flüchtlinge vom 28. Juli 1951 trat 1954 in Kraft und wird auch Genfer Flüchtlingskonvention genannt. Ursprünglich wurde das Abkommen auf Grund der Ereignisse nach Ende des zweiten Weltkrieges von einer Satzung der Vereinten Nationen verabschiedet.

1967 wurde die Konvention der geänderten Flüchtlingssituation angepasst und ausgeweitet, 147 Staaten haben dem Protokoll von 1967 zugestimmt (vgl. UNHCR 2016).

Die Genfer Flüchtlingskonvention regelt den Zugang zu medizinischer Versorgung, Bildung und Sozialleistungen (vgl. ebd.).

> *"Bisher hat die Konvention zum Schutz von über 50 Millionen Menschen in den verschiedensten Situationen beigetragen" (ebd.).*

4.2 UN- Kinderrechtskonvention

Die UN- Kinderrechtskonvention ist ein Abkommen mehrerer Staaten, in der es um den besonderen Schutz und die Rechte für Kinder und Jugendliche geht. Im Artikel 22 der UN-Kinderrechtskonvention steht:

> *"(1) Die Vertragsstaaten treffen geeignete Maßnahmen, um sicherzustellen, dass ein Kind, das die Rechtsstellung eines Flücht- lings begehrt oder nach Maßgabe der anzuwendenden Regeln und Verfahren des Völkerrechts oder des innerstaatlichen Rechts als Flüchtling angesehen wird, ange- messenen Schutz und humanitäre Hilfe bei der Wahrnehmung der Rechte erhält, die in diesem Übereinkommen (...) festgelegt sind, und zwar unabhängig davon, ob es sich in Begleitung seiner Eltern oder einer anderen Person befindet oder nicht.*

> *(2) Zu diesem Zweck wirken die Vertragsstaaten in der ihnen angemessen erscheinenden Weise bei allen Bemühungen mit, (...) um ein solches Kind zu schützen, um ihm zu helfen und um die Eltern oder andere Familienangehörige eines Flüchtlingskinds ausfindig zu machen mit dem Ziel, die für eine Familienzusammenführung notwendigen Informationen zu*

erlangen. Können die Eltern oder andere Familienangehörige nicht ausfindig gemacht werden, so ist dem Kind im Einklang mit den in diesem Übereinkommen enthaltenen Grundsätzen derselbe Schutz zu gewähren wie jedem anderen Kind, das aus irgendeinem Grund dauernd oder vorübergehend aus seiner familiären Umgebung herausgelöst ist. "

Deutschland hat im Jahr 1992 die UN-KRK unterschrieben, jedoch mit der Einschränkung, dass das deutsche Ausländerrecht Vorrang hatte (vgl. Schmieglitz 2014, S. 29). So hatten unter anderem UMF nicht die gleichen Rechte, wie deutsche Kinder (vgl. ebd. S. 29f.). Am 03.05.2010 hat Deutschland nach reichhaltiger Kritik, den Vorbehalt zurückgenommen, somit ist die KRK seitdem im vollen Umfang gültig (vgl. ebd. S. 30).

4.3 Europäische Rechtsgrundlagen

Die Verordnung des Europäischen Parlaments und des Rates vom 26.06.2013 *"zur Festlegung der Kriterien und Verfahren zur Bestimmung des Mitgliedstaats, der für die Prüfung eines von einem Drittstaatsangehörigen oder Staatenlosen in einem Mitgliedstaat gestellten Antrags auf internationalen Schutz zuständig ist"*, trat am 19.07.2013 als Neufassung in Kraft.

Diese Verordnung wird auch Dublin III Abkommen genannt. Mit diesem Abkommen soll klar geregelt werden, welcher Staat für einen bereits gestellte Asylantrag zuständig ist, in der Regel ist dies der erste Staat, in dem ein Antrag auf internationalen Schutz unterschrieben wurde.

Im Artikel 6 werden besondere Schutzregelungen für unbegleitete Minderjährige beschrieben, bei der das "Wohl des Kindes" Vorrang hat.

"(2) Die Mitgliedstaaten sorgen dafür, dass ein unbegleiteter Minderjährige in allen Verfahren, die in dieser Verordnung vorgesehen sind, von einem Vertreter vertreten und/oder unterstützt wird. Der Vertreter verfügt über die entsprechenden Qualifikationen und Fachkenntnisse, um zu gewährleisteten, dass dem Wohl des Minderjährigen während der nach dieser Verordnung durchgeführten Verfahren Rechnung getragen wird (...).

(3) Bei der Würdigung des Wohl des Kindes arbeiten die Mitgliedstaaten eng zusammen und tragen dabei insbesondere folgenden Faktoren gebührend Rechnung:

a) Möglichkeiten der Familienzusammenführung;

b) dem Wohlergehen und der sozialen Entwicklung des Min derjährigen unter besonderer Berücksichtigung seines Hinter grundes;

c) Sicherheitserwägungen, insbesondere wenn es sich bei dem Minderjährigen um ein Opfer des Menschenhandels handeln könnte;

d) den Ansichten des Minderjährigen entsprechend seinem Alter und seiner Reife".

Auch im Artikel 8 geht es speziell um minderjährige Flüchtlinge, die die Personengruppe, der Unbegleiteten mit einschließt:

"Artikel 8 Minderjährige (1) Handelt es sich bei dem Antragsteller um einen unbegleiteten Minderjährigen, so ist der Mitgliedstaat zuständiger Mitgliedstaat, in dem sich ein Familienangehöriger oder eines der Geschwister des unbegleiteten Minderjährigen rechtmäßig aufhält, sofern es dem Wohl des Minderjährigen dient (...)

(4) Bei Abwesenheit eines Familienangehörigen eines seiner Geschwisters oder eines Verwandten im Sinne der Absätze 1 und 2, ist der Mitgliedstaat zuständiger Mitgliedstaat, in dem der unbegleitete Minderjährige seinen Antrag auf internationalen Schutz gestellt hat, sofern es dem Wohl des Minderjährigen dient".

5. Rechtsgrundlage UMF in Deutschland

In diesem Kapitel wird ein Überblick über die Rechtsgrundlage für minderjährige unbegleitete Flüchtlinge gegeben. Des Weiteren wird auf die Möglichkeiten eingegangen, einen Aufenthaltstitel in Deutschland zu erwerben.

In Deutschland gibt es ein so genanntes „Flughafenverfahren". Dies tritt in Kraft, wenn ein Asylsuchender per Flugzeug nach Deutschland einreist (AsylG §18a). Das Flughafenverfahren wird derzeit nur in Berlin-Schönefeld, Düsseldorf, Frankfurt/Main, Hamburg und München durchgeführt, da dort direkt auf dem Gelände eine Unterbringung für Asylsuchende ist (vgl. Bamf 2016). Teilweise sind von diesem Verfahren auch UMF betroffen. Da sie jedoch keinen Asylantrag unter 18 Jahren ohne Rechtsvertreter stellen dürfen, wird zunächst ein Vormund bestellt. Dieses Verfahren wird selten bei Minderjährigen angewendet und ist nicht näher für die folgenden Fallbeispiele relevant, daher wird das Verfahren in diesem Buch nicht weiter erläutert.

5.1 Altersfeststellung

Minderjährige Flüchtlinge haben *"durch Artikel 22 der UN-Kinderrechtskonvention und durch Artikel 19 der EU- Aufnahmerichtlinie sowie nationale Bestimmungen im Kinder- und Jugendhilfegesetz"* einen besonderen Schutz (Riedelsheimer 2010, S. 71).

Doch bevor sie diesen Schutz erhalten, stehen sie in der Pflicht, ihre Minderjährigkeit belegen zu müssen. Da sie häufig keinen Pass dabei haben wurde die sogenannte Altersfeststellung eingeführt (vgl. ebd., S. 72f.).

Können keine Ausweisdokumente oder Geburtsurkunden vorgelegt werden, wird seitens des Jugendamtes oder der Ausländerbehörde eine sogenannte "Inaugenscheinnahme" durchgeführt (ebd., S. 73). In diesem Prozess müssen die Mitarbeiter_innen der Behörde das Alter mittels Befragung zur Anamnese, Schulbesuch und durch das äußere Erscheinungsbild des Jugendlichen festlegen (vgl. Mayer; Quade 2014, S. 9).

Falls die Minderjährigkeit nicht eindeutig geklärt werden kann wird eine medizinische Untersuchung nach Einverständnis des Jugendlichen durchgeführt, *"durch Röntgen des*

Handwurzelknochens, eine visuelle Untersuchung des Zahnstatus' oder eine radiologische Untersuchung der Schlüsselbeine" (Mayer; Quade 2014, S. 9).

Espenhorst vom B-UMF kritisiert den Ablauf der Altersfeststellung, wie er in vielen Bundesländern praktiziert wird:

> *„Viele Jugendliche müssen sich immer noch in entwürdigenden Verfahren wie der Altersschätzung ohne Dolmetscher und nur aufgrund des visuellen Eindrucks sowie medizinischen Untersuchungen mit weitgehenden Eingriffen in die Intimsphäre und ohne Gendersensibilität begutachten lassen, werden nicht über das Verfahren informiert und haben keine Möglichkeit, rechtlich gegen das Ergebnis der Altersfestsetzung vorzugehen"* (Espenhorst 2014, S. 397).

Aufgrund dieser unsicheren Verfahren kommt es vor, dass minderjährige Flüchtlinge als vermeintlich Erwachsene angesehen werden und ihnen somit kindgerechte Unterbringung und andere Rechte abgesprochen werden (vgl. ebd. 2014, S. 397).

5.2 Inobhutnahme und Erstversorgung

Wurde der Jugendliche als minderjährig anerkannt, ist das Jugendamt verpflichtet den unbegleiteten Flüchtling nach §42 SGB VIII in Obhut zu nehmen. Seit 2005 ist in Deutschland die unbegleitete Einreise von Minderjährigen als Kindeswohlgefährdung eingestuft (vgl. Berthold; Espenhorst 2013, S. 148).

Eine Inobhutnahme ist eine kurzfristige Schutzmaßnahme die in Kraft tritt, wenn Kinder und Jugendliche sich in einer akuten Krisensituation oder einer Gefahr befinden (§42 SGB VIII). Durch die Inobhutnahme wird die Unterbringung in einer Einrichtung, bei einer geeigneten Person oder in einer anderen Wohnform inklusive Erstversorgung sichergestellt (§42 SGB VIII).

Diese Erstversorgung beinhaltet die materielle, pädagogische und medizinische Versorgung des minderjährigen Flüchtlings (§42 SGB VIII).

Das Jugendamt muss einen Antrag für eine Vormundschaft beim Amtsgericht stellen, entweder ist dies ein ehrenamtlicher Vormund, eine Vereinsvormundschaft oder eine Amtsvormundschaft (vgl. Riedelsheimer 2010, S. 65f.).

5.3 Umverteilung

Seit dem 01.11.2015 trat eine Gesetzesänderung im SGB VIII in Kraft, die die Umverteilung von UMF nach der Berechnung nach dem Königsteiner Schlüssel[3] begründet (§42b SGB VIII). Die unbegleiteten Minderjährigen werden zunächst vorläufig in Obhut genommen, oder bei einer geeigneten Person untergebracht (§42a SGB VIII). Das Jugendamt soll im Verfahren der Umverteilung einschätzen, *"ob die Durchführung des Verteilungsverfahrens im Hinblick auf die physische und psychische Belastung zu einer Kindeswohlgefährdung führen würde"* (Bamf 2015).

5.4 Unterbringung

Nachdem der Jugendliche einer Kommune und dem zuständigem Jugendamt zugeteilt wurde, wird beim Amtsgericht das Ruhen der elterlichen Sorge festgehalten (§1674 BGB). Erst dann kann ein Vormund gestellt werden, der in der Regel Hilfe zur Erziehung nach §27 SGB VIII beantragt.

> *"Unter Hilfen zur Erziehung versteht man ein breites Spektrum an individuellen und/ oder therapeutischen Maßnahmen, die greifen, wenn erzieherischer Bedarf vorhanden ist"* (Mayer, Quade 2014, S. 21).

Im Kapitel 7.5 werden mögliche Unterbringungen in Jugendhilfeeinrichtungen näher erläutert.

5.5 Vormundschaft

Ein Vormund wird seitens des Familiengerichts für einen Minderjährigen nach §1773 BGB bestellt, wenn

> *„er nicht unter elterlicher Sorge steht oder wenn die Eltern weder in den die Person noch in den das Vermögen betreffenden Angelegenheiten zur Vertretung des Minderjährigen berechtigt sind".*

In §1793 BGB sind die Aufgaben eines Vormunds beschrieben, darunter fallen die Vermögens- und die Personensorge. Der Vormund soll sein Mündel vertreten und mit ihm

---

3 Der Königsteiner Schlüssel richtet sich nach den Steuereinnahmen aus dem Vorjahr und der Bevölkerungsanzahl, dies wird jährlich neu berechnet. 2015 hatte NRW die höchste Aufnahmequote (BAMF 2016)

persönlichen Kontakt halten, in der Regel mindestens ein Mal im Monat. Des weiteren gehört zum Aufgabenbereich des Vormunds, Verträge oder Zeugnisse zu unterzeichnen und Operationen oder therapeutischen Maßnahmen zuzustimmen (vgl. Meißner 2010, S.60). In dem folgenden Unterkapitel werden die drei gängigsten Formen der Vormundschaft benannt.

5.5.1 Ehrenamtliche Vormundschaft

Wie in §1791a und §1791b benannt, hat ein ehrenamtlicher Vormund Vorrang vor anderen Formen der Vormundschaft. Im Kapitel 7.6.1 wird eine Organisation vorgestellt, die ehrenamtliche Vormünder und Vormundinnen schult und begleitet.

5.5.2 Vereinsvormundschaft

Laut §1791a Vereinsvormundschaft des Bürgerlichen Gesetz Buches dürfen Vereine eine Vormundschaft übernehmen, sofern das Landesjugendamt diesen als geeignet erklärt hat. Eine Vereinsvormundschaft tritt nur in Kraft, wenn kein geeigneter, ehrenamtlicher Vormund vorhanden ist.

5.5.3 Amtsvormundschaft

Ein Amtsvormund wird nach §1791b BGB vom Familiengericht bestellt, wenn keine geeignete, ehrenamtliche Person vorhanden ist. Amtsvormünder und Amtsvormundinnen arbeiten in der Regel beim Jugendamt.

5.6 Gesundheitsversorgung

Bei akuten oder akut behandlungsbedürftigen Erkrankungen erhält der Jugendliche eine medizinische Behandlung. Aber auch Vorsorgeuntersuchungen, wie z.B. beim Zahnarzt, dürfen in Anspruch genommen werden, *"wenn dies zur Sicherung der Gesundheit unerlässlich ist"* (Mayer; Quade 2014, S. 24).
In der Regel beantragt die Einrichtung beim Jugendamt einen Krankenschein für einen Arztbesuch mit dem Flüchtling (vgl. ebd.,S 24).

Seit dem 01.01.2016 hat Nordrhein-Westfalen als "erstes Flächenland mit einigen Krankenkassen eine Rahmenvereinbarung zur Einführung einer Gesundheitskarte für Flüchtlinge geschlossen" (Buschfort 2015).

5.7 Überblick Aufenthaltsstatus

Die Gesetzte für Ausländer in Deutschland sind sehr strikt geregelt. In diesem Teilkapitel werden die verschiedenen, für diese Untersuchung relevanten Aufenthaltstitel kurz vorgestellt.

5.7.1 Niederlassungserlaubnis

Die Niederlassungserlaubnis ist der höchste Titel, den ein Ausländer in Deutschland erwerben kann. Er ist dadurch berechtigt arbeiten zu gehen, außerdem ist diese zeitlich nicht begrenzt (§9 AufenthG).

Um eine Niederlassungserlaubnis zu erwerben, muss man fünf Jahre im Besitz einer Aufenthaltserlaubnis sein, seinen Lebensunterhalt sichern, 60 Monate Pflicht- oder freiwillige Beiträge zur gesetzlichen Rentenversicherung oder ähnlichen Leistungen gezahlt haben, einen Wohnraum zur Verfügung haben, innerhalb der letzten drei Jahre keine Verurteilung aufgrund einer vorsätzlichen Straftat, ausreichende Kenntnisse der deutschen Sprache haben und über Grundkenntnisse der Rechts- und Gesellschaftsordnung verfügen (§9 AufenthG).

5.7.2 Aufenthaltserlaubnis

Die Aufenthaltserlaubnis ist ein zeitlich befristeter Aufenthaltstitel. Um diese zu erhalten muss der Ausländer seinen Lebensunterhalt sichern können, seine Identität muss geklärt sein, ebenso seine Staatsangehörigkeit, es darf keinen Grund zur Ausweisung geben, der Ausländer muss seiner Passpflicht nachkommen und er darf keine Gefährdung für die Interessen der Bundesrepublik Deutschland darstellen (§7 AufenthG).

5.7.3 Aufenthaltsgestattung

Die Aufenthaltsgestattung erhält der Ausländer, wenn er einen Antrag auf Asyl gestellt hat. Die Gestattung erlaubt seinem Besitzer sich während der Prüfung in Deutschland aufzuhalten (§55 AsylG). Der Antragsteller darf sich in dem Bezirk aufhalten, der für seinen Asylantrag zuständig ist (§55 AsylG).

5.7.4 Duldung

Des Weiteren gibt es die sogenannte „Vorübergehende Aussetzung der Abschiebung" oder auch Duldung genannt (§60a AufenthG).

Die Duldung muss regelmäßig erneuert werden, sie setzt die drohende Abschiebung aus, da z.B. keine gültigen Passdokumente vorhanden sind (§60a AufenthG).

Auf der Duldung ist genau vermerkt, in welchem Bundesland oder Kreis sich der Geduldete aufhalten darf. Wenn das Bundesland ohne Absprache mit dem zuständigen Arbeitsamt verlassen wird, droht eine Geldbuße, da es als Ordnungswidrigkeit eingestuft wird (§60a AufenthG).

Die Duldung verfällt, wenn der Geduldete das Land verlässt. Oder die Aussetzung der Abschiebung verfällt, weil beispielsweise die Passdokumente auftauchen (§60a AufenthG).

Die Duldung muss alle drei bis sechs Monate bei der zuständigen Ausländerbehörde verlängert werden. Im Falle einer Ausbildung kann die Duldung für den Zeitraum eines halben Jahres ausgestellt werden (§60a AufenthG).

Nachfolgend ist eine Duldung eines UMF aus Bochum zu sehen:

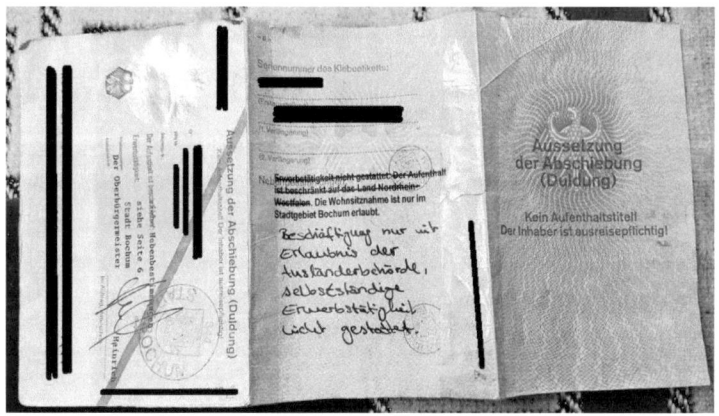

(Foto: Peltzer 2016)

5.7.5 Aufenthalt aus humanitären Gründen

Der §25 Abs. 2 des AufenthG "Aufenthalt aus humanitären Gründen" wird angewandt,

> *„wenn das Bundesamt für Migration und Flüchtlinge die Flüchtlingseigenschaft im Sinne des § 3 Absatz 1 des Asylgesetzes oder subsidiären Schutz im Sinne des § 4 Absatz 1 des Asylgesetzes zuerkannt hat".*

Bis die Aufenthaltserlaubnis erteilt wurde, darf der Ausländer in Deutschland bleiben (§25 Abs. 2 AufenthG). Nach Erhalt der Aufenthaltserlaubnis darf der Flüchtling einen Beruf ausüben (§25 Abs. 2 AufenthG).

Des weiteren kann einem Ausländer nach §25 Abs. 4 des AufenthG

> *"eine Aufenthaltserlaubnis erteilt werden, solange dringende humanitäre oder persönliche Gründe oder erhebliche öffentliche Interessen seine vorübergehende weitere Anwesenheit im Bundesgebiet erfordern. Eine Aufenthaltserlaubnis kann abweichend von § 8 Abs. 1 und 2 verlängert werden, wenn auf Grund besonderer Umstände des Einzelfalls das Verlassen des Bundesgebiets für den Ausländer eine außergewöhnliche Härte bedeuten würde".*

5.7.6 Aufenthaltsgewährung bei gut integrierten Jugendlichen und Heranwachsenden

Eine weitere Möglichkeit, seinen Aufenthalt in Deutschland zu verlängern ist, nach §25a Absatz 1 AufenthG eine Aufenthaltsgewährung zu erlangen. Diese wird gewährt, wenn der Ausländer sich seit vier Jahren ununterbrochen legal in Deutschland aufhält, seit vier Jahren erfolgreich eine Schule besucht, oder einen Berufsabschluss erworben hat, der Antrag vor Vollendung des 21. Lebensjahres gestellt wird, "es gewährleistet erscheint, dass er sich auf Grund seiner bisherigen Ausbildung und Lebensverhältnisse in die Lebensverhältnisse der Bundesrepublik Deutschland einfügen kann und keine konkreten Anhaltspunkte dafür bestehen, dass der Ausländer sich nicht zur freiheitlichen demokratischen Grundordnung der Bundesrepublik Deutschland bekennt".

Falls der Jugendliche falsche Angaben zu seiner Person oder eine Täuschung über seine Staatsangehörigkeit vorliegt, wird keine Aufenthaltserlaubnis erteilt (§25a Absatz 1 AufenthG).

5.7.7 Andere Möglichkeiten in Deutschland zu bleiben

Häufig ist es ratsam, keinen Asylantrag zu stellen, da nur in den seltensten Fällen asylrelevante Gründe vorliegen. Daher ist es sinnvoller den Jugendlichen die belastende Prozedur und die Ausreise nach einem abgelehnten Bescheid zu ersparen (vgl. Mayer; Quade 2014, S. 33).

Eine weitere Möglichkeit eine Abschiebung zu verhindern, ist einen Härtefallantrag zu stellen (vgl. Espenhorst 2014, S.399) Andere Jugendliche versuchen durch Heirat, Adoption oder Geburt eine Bleibeberechtigung zu erwerben vgl. ebd., S.399).

5.8 Asyl

Aussicht auf Erfolg eines Asylantrags ist gegeben, wenn Leben oder Freiheit des unbegleiteten minderjährigen Flüchtlings wegen seiner Staatsangehörigkeit, Rasse, Religion oder politischen Überzeugung in seinem Herkunftsstaat bedroht sind (§ 60 Abs. 1 AufenthG).

Andere Gründe, wie zum Beispiel drohende Obdachlosigkeit, Kinderarbeit oder Vorenthaltung von Bildung sind keine asylrelevanten Gründe (vgl. Mayer, Quade 2014, S.32).

Daher ist es ratsam sich bei einer Flüchtlingsberatungsstelle oder einem Anwalt beraten zu lassen, ob es sinnvoll ist einen Antrag zu stellen (vgl. ebd., S.32).

Wenn kein geeigneter Grund für einen positiven Asylbescheid vorliegt, sollte ein Asylantrag nicht gestellt werden, da der Jugendliche nach einer Ablehnung abgeschoben wird, falls er nicht freiwillig ausreist (vgl. ebd., S.38).

Liegen asylrelevante Gründe vor und wird der Bescheid positiv beantwortet, erhält der Flüchtling nach § 25 Abs. 1 AufenthG oder nach § 25 Abs. 2 AufenthG eine Aufenthaltserlaubnis für mindestens zwei Jahre (vgl. ebd, S.37).

Nach zwei Jahren wird erneut geprüft, ob die Gründe weiterhin vorliegen (vgl. ebd., S. 37).

6. Methodik

Nachfolgend wird erläutert, welche Methodik eingesetzt wurde, um die in der Einleitung,aufgelisteten Fragen zu beantworten. Anschließend wird die Auswertungsmethode, die auf die Interviews angewandt wurde, vorgestellt.

6.1 Fragestellung und Vorgehensweise

Wie bereits in der Einleitung benannt, ergaben sich im Verlauf der Erstellung der vorliegenden Untersuchung folgende Fragestellungen:

- Welche Erwartungen und spezielle Bedarfe haben UMF aus Guinea, die in Bochum leben?
- Welche Aufträge ergeben sich daraus, die für den heilpädagogischen Arbeitskontext relevant sind? Welche Unterstützung brauchen UMF aus Guinea seitens der Heilpädagog_innen/ Sozialarbeiter_innen?

Qualitative Sozialforschung eignet sich gut, um soziale Wirklichkeiten darzustellen (vgl. Flick et al 2010, S. 13ff.). Flick hebt als positives Attribut der qualitativen Sozialforschung hervor, dass die Perspektiven der Mitwirkenden berücksichtigt und durch qualitative Interviews die Chance eingeräumt wird, unterschiedliche Sichtweisen herauszustellen und zu vergleichen (vgl. Flick 2006, S. 19).

Teilstandardisierte Interviews geben keine Antwortmöglichkeiten vor und lassen viel Raum für Erzählungen seitens der Interviewten (Hopf 1995, S.177). Daher wurde als Forschungsmethode für die Beantwortung der Fragen das teilstandardisierte Interview ausgewählt.

"Die Forscher orientieren sich an einem Interview-Leitfaden, der jedoch viele Spielräume in den Frageformulierungen, Nachfragestrategien und in der Abfolge der Fragen eröffnet" (Hopf 2005, S. 351).

Um einen möglichst umfassenden Eindruck von der Lebenssituation eines unbegleiteten minderjährigen Flüchtling aus Guinea zu erhalten, wurden Interviews mit Flüchtlingen und Personen, die mit diesen arbeiten, geführt.

Für das teilstandardisierte Interview wurde im Vorfeld ein grober Leitfaden für die

Interviews mit Jugendlichen, als auch für die Interviews mit Personen, die mit UMF arbeiten, erstellt. So wurde ein flexibler Umgang während der Interviews gewährleistet. Trotzdem blieben die Kernfragen, die sich auf die Erwartungen und Bedürfnisse der Jugendlichen bezogen, identisch, damit eine Vergleichbarkeit gegeben ist.

Teilstandardisierte Interviews ermöglichen eine Flexibilität, damit der Ablauf der Fragen im Bedarfsfall an die Gesprächssituation angepasst werden kann, um den Gesprächsfluss nicht zu gefährden (vgl. Flick 2006, S. 229f.).

Die Autorin ist ehrenamtliche Vormundin von einem unbegleiteten minderjährigen Flüchtling aus Guinea und führte in Begleitung eines Französischdolmetschers ein Interview mit ihrem Mündel durch. Jamaal[4] war zum Zeitpunkt des Interviews circa acht Monate in Deutschland und verfügte daher nicht über genug Deutschkenntnisse, um ein Interview zu geben.

Die Fachstelle UmA vom Jugendamt wurde für ein Interview angefragt, aufgrund des derzeitigen personellen Engpasses seitens des Jugendamts, konnte dies jedoch nicht stattfinden. Auch ein Interview mit der zuständigen Sozialpädagogin von Jamaal konnte aus zeitlichen Gründen seitens der Einrichtung nicht erfolgen.

Des Weiteren wurden mehrere afrikanische Vereine und Organisationen angeschrieben, jedoch folgte keine Resonanz.

Durch die ehrenamtliche Tätigkeit als Vormundin seitens der Autorin bestand bereits der Kontakt zu den Mitarbeiter_innen einer Organisation in Bochum, die ehrenamtliche Vormundschaften vermittelt.

Durch die monatlichen Gesprächsrunden, für ehrenamtliche Vormünder und Vormundinnen kam der Kontakt zu einem weiteren Jugendlichen aus Guinea zustande, dieser lebt seit circa drei Jahren in Deutschland. Hervorzuheben ist, dass dieser Jugendliche aufgrund seiner Behinderung eine Aufenthaltserlaubnis nach § 25 aus humanitären Gründen erhalten wird. Damit ist sein Aufenthalt in Deutschland vorerst für bis zu drei Jahre gesichert.

Nach dem Interview mit dem Jugendlichen, erfolgte noch ein weiteres Interview mit seiner ehrenamtlichen Vormundin, um die Lebenssituation des Jugendlichen noch näher zu beleuchten. Des Weiteren wurde ein Interview mit Amtsvormund X durchgeführt.

Die Interviews fanden sowohl im Büro, als auch im privaten Umfeld der Befragten statt, damit es in einer vertrauten Umgebung durchgeführt werden konnte.

---

4 Name geändert.

Alle Interviews, bis auf eines, wurden mit einem Audiogerät aufgenommen und im Anschluss transkribiert. Die Daten wurden nach der Transkription[5] gelöscht. Das Interview mit Amtsvormund X wurde handschriftlich mitgeschrieben, abgetippt und zum Gegenlesen vorgelegt, da einer Audioaufnahme nicht zugestimmt wurde.

Das Interview mit Tayo[6] wurde wortwörtlich transkribiert, nicht um zu diskriminieren, oder Fehler aufzuzeigen, sondern um einen realistischen Eindruck seiner deutschen Sprachkenntnisse darzustellen.

Die Interviews dauerten zwischen 15 – 30 Minuten, je nach Gesprächsfluss der Befragten.

In der folgenden Tabelle sind die Interviewpartner, der Ort und das Datum des Interviews vermerkt. Ebenfalls ist dort ersichtlich, wie lange die befragten Jugendlichen in Deutschland wohnen, welchen Aufenthaltstitel sie haben und besondere Hinweise zum Interview.

Person/ Institution	Ort	Datum/ Uhrzeit	Alter	Hinweis	Ankunft in Deutschland
Mitarbeiter_innen der Organisation für Ehrenamtliche Vormünder und Vormundinnen	Büro	06.04.16 12:00 Uhr	/		
Tayo	Eigene Wohnung	14.04.16 15:00 Uhr	19 Jahre	Aufenthaltserlaubnis nach § 25	01.06.13
Ehrenamtliche Vormundin	Eigene Wohnung	15.04.16 15:00 Uhr	/	Vormund von Tayo	
Jamaal	Trainingswohnung	20.04.16 17:00 Uhr	17 Jahre	Duldung, Interview mit Dolmetscher	01.07.15
Amtsvormund X	Büro		/	Nicht transkribiert	

---

5 Die Regeln zur Transkription befinden sich im Anhang
6 Name geändert

6.2 Auswertungsmethode

In der Literatur finden sich viele Methoden zur Auswertung von Interviews. Um die Interviews auswerten zu können, wurden diese transkribiert. Als Auswertungsmethode für die fünf Interviews, wurde in Anlehnung an Mayring, die "qualitative Inhaltsanalyse" ausgewählt. Mayring sieht als Intention der Inhaltsanalyse, *"die systematische Bearbeitung von Kommunikationsmaterial"* (Mayring 2000, S. 468).

Er unterscheidet bei der qualitativen Inhaltsanalyse zwischen vier Kategorien, um Textmaterial auszuwerten (vgl. Mayring 2000, S. 472f.). Die Auswertung der vorliegenden Interviews erfolgte in Anlehnung an Mayrings *"Strukturierende Inhaltsanalyse"*. Diese Methode hat das Ziel, *"eine bestimmte Struktur aus dem Material herauszufiltern"*, dies passiert in Form eines *"Kategoriensystems"* (Mayring 2007, S. 82f.).

Folgende Kategorien wurden für die Auswertung festgesetzt:

- Fluchtgründe
- Fluchtwege
- Lebenssituation in Guinea
- Kenntnisse über Europa / Erwartungen an Europa
- Kontakte nach Guinea
- Erfahrungen in Deutschland
- Kontakte zu Deutschen
- Alltag in Deutschland
- Aufenthaltsstatus / Perspektive
- Ziele/ Wünsche
- Unterstützungsbedarf in Deutschland
- Unterbringung

Durch die klare Struktur der Kategorien werden die auszuwertenden Interviews auf die wesentlichen Inhalte sortiert. So wird sofort ersichtlich, welche Aussagen der Befragten sich überschneiden, aber auch wo klare Differenzen vorliegen.

Die genaue Auswertung der einzelnen Interviewpassagen wird im folgenden Kapitel vorgestellt.

7. Lebenssituation zweier UMF aus Guinea in Bochum

Im folgenden Kapitel wird an den Fallbeispielen Jamaal und Tayo die Lebensrealität zweier unbegleiteter minderjähriger Flüchtlinge in Bochum dargestellt. Von der Flucht aus Guinea bis hin zur aktuellen Lebenssituation. Zum Ende des Kapitels werden die von den Jugendlichen dargestellten und aus der Literatur herausgearbeiteten Bedürfnisse mit der realen Lebenswelt der Jugendlichen verglichen.

7.1 Erfahrungen im Herkunftsland

Beide Jugendlichen berichten von instabilen sozialen Verhältnissen im Herkunftsland. Sowohl Jamaal, als auch Tayo berichten über Gewalt seitens des Militärs auf Demonstrationen. Jamaal äußerte sich über Guinea wie folgt:

> "Das Leben ist ganz anders in Guinea, es ist nicht friedlich. So oft Proteste, die Staatsgewalt greift ein. Man kann nicht regelmäßig in die Schule gehen, es gibt keine Sicherheit. Man wird von der Staatsgewalt bedroht, man wird von Krankheit bedroht, man ist von Hunger bedroht." .

Jamaal verwendet mehrmals das Wort "bedroht", so dass deutlich wird, unter welchen Lebensbedingungen er in Guinea aufgewachsen ist. Die Bedrohung geht sowohl vom Mangel an Nahrung, als auch von einer desolaten Gesundheitsversorgung und einem gewalttätigem Eingreifen seitens des Staates aus.

Tayo berichtet über die Konflikte zwischen dem Volksstamm Malinke und seinem Stamm Fulbe. Auf einer Demonstration wurde er vom Militär mit einem Gewehr geschlagen und dadurch schwer verletzt

Auch Amtsvormund X äußert von einem Dolmetscher, der über die sozialen Hierarchien zwischen den Volksstämmen berichtet hat:

> "Von einem Dolmetscher habe ich dort erfahren, dass es in Guinea verschiedene Stämme gibt. Schon mit der Geburt wird entschieden, zu welchem Stamm und welcher politischen Richtung man angehört. Am Nachnamen erkennt man die Stammeszugehörigkeit, so dass man nicht wie in Deutschland, die Wahl hat, welcher politischen Partei man angehören möchte" .

Außerdem äußert Amtsvormund X über Guinea, dass es dort Armut, mangelhafte Schulbildung und daraus resultierende Perspektivlosigkeit gibt.

7.2 Fluchtgründe

Tayo hat durch den Schlag mit dem Gewehr eine Verletzung davon getragen, als Fluchtgrund gibt er an:

> *"Weil keine Stabilität dort gibt, deswegen. Ich habe viel Probleme dort gehabt, war ich verletzt. Deswegen bin ich nach Europa gereist (...) Es gibt viel diskrimination. Die Leute wollen alle (lacht) weg".*

Tayo benennt die instabilen Lebensbedingungen in Guinea als Grund dafür, dass viele Menschen den Wunsch hegen ihr Heimatland zu verlassen.

Die körperlichen Beschwerden durch den brutalen Eingriff des Militärs und die Angst vor weiteren Konsequenzen führten dazu, dass seine Familie Geld sammelte, damit er nach Europa fliehen konnte.

Jamaal floh 2014 aus Guinea, da seine Schwester an Ebola verstarb und seine Familie im Anschluss isoliert wurde.

Da er nicht zu Hause war, war er von der Evakuierung nicht betroffen, seine Mutter warnte ihn am Telefon:

> *"(...) meine Mutter hat mich aber angerufen und gesagt, ich solle nicht nach Hause kommen, damit ich nicht mit eingesperrt werde. Dann habe ich einige Tage bei einem Freund verbracht und hatte aber so große Angst, dass ich einfach weg wollte".*

Die Angst davor, selbst infiziert zu sein, die ungewollte und abrupte Trennung seiner Familie und die Ungewissheit über mögliche Infizierungen seitens seiner anderen Familienmitglieder führten dazu, dass er erst bei einem Freund untertauchte und sich dann dazu entschloss Guinea zu verlassen.

Die Mitarbeiter_innen der Organisation äußerten, dass sie von einigen Mitarbeiter_innen, die mit UMF arbeiten, gehört haben, dass es "innerpolitische Konflikte" gibt :

"Auch was letztens ein Vormund sagte, der Junge habe Nachricht bekommen, der Vater wäre erschossen worden und wir hören auch schon häufig davon, dass die Väter der Familien getrennt werden durch irgendwelche kriegerischen Sachen oder durch die Polizei oder durch korrupte Geschichten und dann Mütter da sind, die dann auch versterben, verschwinden, wie auch immer und dann Jugendliche da für sich keine Perspektive mehr sehen und nach Europa kommen".

Auch Amtsvormund X berichtet von individuellen Angaben der Fluchtgründe, sei es Gewalt innerhalb der Familie, Tod der Eltern oder Verwandte, die gezielt ihre Kinder nach Europa schicken, um ihnen ein bessere Leben zu ermöglichen.

Die Erfahrungen der Mitarbeiter_innen mit den Jugendlichen und die Schilderungen dieser decken sich mit den Angaben aus der Literatur.

7.3 Flucht aus Guinea

Die beiden Jugendlichen haben unterschiedliche Fluchtwege auf sich genommen, um nach Europa zu kommen, jedoch waren beide in Begleitung von Schleppern[7], die beide nur als Männer bezeichnen.

Tayo berichtet, dass er mit einem gekauften Visum und Unterstützung eines Mannes nach Paris geflogen sei. Von dort aus ist er, auf Anraten des Fluchthelfers, mit dem Bus nach Deutschland geflohen.

Auch aus dem Interview der Mirarbeiter_innen der Organisation ging hervor, dass sie die Information erhalten haben, dass einige Jugendliche mit dem Flugzeug über Paris nach Deutschland gelangen.

Amtsvormund X hingegen berichtet:

"Viele der Jugendlichen geben an, dass sie per Schiff oder mit dem Auto nach Europa kommen, meist brauchen sie mehrere Monate oder sind über mehrere Jahre unterwegs. Selten sagen sie, dass sie mit dem Flugzeug ankommen. Die Jugendlichen machen nur wenige Angaben über ihre Flucht".

---

7 In den Medien ist der Begriff des Fluchthelfers als Schlepper geläufig. Nach AufenthG §96 "Einschleusen von Ausländern" ist dies ein Straftatbestand, der mit einer Geldstrafe oder Freiheitsentzug bestraft wird.

Jamaal berichtete von seiner Flucht, die fast ein Jahr dauerte. Nachdem er die Nachricht bekam, dass sein Vater ebenfalls an Ebola verstorben ist, machte er sich mit dem Auto in Begleitung eines Mannes in Richtung Mali auf. Vor Ort wurde er dann an einen weiteren Mann vermittelt, der ihn mit nach Algerien nahm.

> *"In Algerien musste ich erst mal so ein bisschen zurecht kommen, reisen, gucken wie ich weiter komme. Dann bin ich nach Marokko gekommen (...) Von Marokko aus bin ich mit einem Boot nach Spanien gekommen. Ich kann nicht schwimmen und hatte große Angst, dass das Boot umkippt, ich habe sehr viel geweint. (...) Das dauerte fast ein Jahr".*

Auf dieser Karte ist der Fluchtweg von Jamaal in grün eingezeichnet.

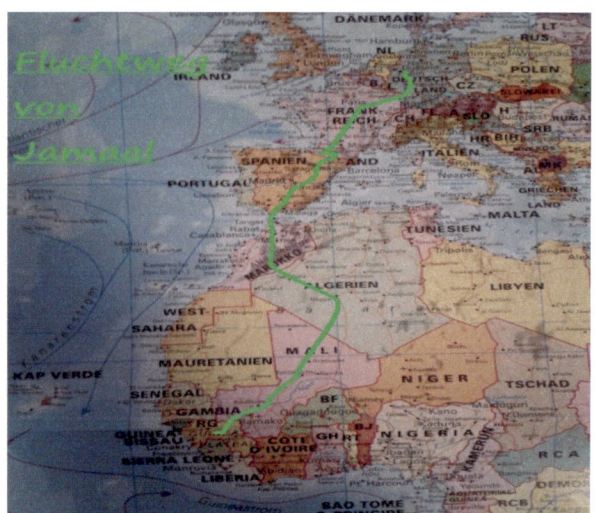

(Quelle: Bundeszentrale für politische Bildung 2012 / Ergänzung Peltzer)

Jamaal musste sich auf unterschiedliche Schlepper verlassen, die ihm den Weg nach Europa ermöglichten. Abseits des Interviews schilderte Jamaal der Autorin, dass er in Algerien überfallen wurde und sein Mobiltelefon mit seinen afrikanischen Kontakten geklaut wurde. Jamaal erzählt nicht häufig von den dramatischen Fluchtereignissen, die ihn stark belasten, wie an dem Beispiel der Meeresüberquerung, in der er Todesangst hatte, ersichtlich wird.

7.3.1 Flucht und Adoleszenz

Unbegleitete minderjährige Flüchtlinge sind einem *"doppelten Transformationsprozess ausgesetzt"* (King; Schwab 2000, S. 211). Das heißt dass sie sich mit einer für sie fremdartigen Kultur auseinandersetzen müssen und sich im Entwicklungsprozess vom Kind zum Erwachsenen befinden (King; Schwab 2000, S. 211). Häufig wird die Kultur und die Strukturen der neuen Heimat als "fremd, unzugänglich oder feindselig erlebt", beispielsweise, wenn die Jugendlichen einen unsicheren Aufenthaltsstatus haben (ebd., S. 213). Ein zentrales Thema in der adoleszenten Entwicklungsphase der Flüchtlinge ist, sich auf seine Wurzeln zu berufen, sie zu hinterfragen, zu reflektieren, so dass eine Aneignung und Ablösung bestimmter Traditionen und Kindheitserinnerungen stattfinden kann (vgl. ebd., S. 214). Diese Aneignungs- und Ablösungsprozesse gestalten sich in der neuen Lebenswelt durch die Distanz zum Herkunftsland als schwierig, kulturelle Normen und Werte können aktuell nicht angeeignet werden, aber auch eine Abgrenzung gestalten sich problematisch (vgl. ebd., S. 214f.).

> *"Jugendliche Flüchtlinge müssen sich erst einmal verankern, um sich wiederum lösen zu können, während zugleich die äußeren Unsicherheiten regressive kindliche Fixierungen intensivieren können" (ebd. S. 214).*

Eine unsichere Bleibeperspektive oder andere, als negativ erlebte Erfahrungen und Hindernisse in der neuen Heimat, die als Bedrohung angesehen werden, können dazu führen, dass die Jugendlichen sich stärker an ihre familiären Bezugspersonen, anwesend oder nicht, binden (vgl. ebd., S. 214). Die Jugendlichen erleben Fremdheitsgefühle durch ihre inneren und äußeren Entwicklungsprozesse des Körpers, aber auch durch die neuen Werte und Normen der Kultur des Zufluchtsortes (vgl. ebd., S. 215f.).

Ein wichtiger Faktor für die Reflexion von bisher erworbenen Normen und Werten sind Bezugspersonen außerhalb des familiären Umfelds, sprich gleichaltrige Freunde oder Mentoren (vgl. Günther 2007 S. 132).

> *Die individuelle Ausgestaltung dieses Spannungsfeldes hängt wesentlich von den inneren und äußeren Ressourcen ab, die die Jugendlichen zur Krisenbewältigung mobilisieren können" (Günther 2007, S. 135).*

Viele muslimische Jugendliche leben in einem Spannungsfeld zwischen der westlich geprägten Kultur und den Moralvorstellungen der elterlichen, muslimischen Erziehung in Bezug auf Geschlechterrollen und Sexualität (vgl. Wensierski 2007, S. 56f.).

Die beiden Jugendlichen stammen aus einem muslimisch geprägten Land und sind beide in Fulbe-Familien aufgewachsen. Jamaal äußerte gegenüber der Autorin häufig, dass sein Vater eine strenge Erziehung vollzog und ihn mit Schlägen bestrafte, falls Jamaal sich nicht an die ihm auferlegten Regeln hielt.

7.4 Ankunft in Bochum

Die Bundespolizei hat den Auftrag, die Kinder und Jugendlichen nach Überschreitung der Grenze zu überprüfen, insbesondere, ob eine Zurückschiebung in das Heimatland möglich ist (Mayer; Quade 2014, S. 8).

Wenn eine Zurückschiebung nicht stattfinden kann, werden die Minderjährigen an die zuständige Ausländerbehörde bzw. das zuständige Jugendamt weitergeleitet (ebd., S. 8).

Meistens haben die Jugendlichen keine Ausweisdokumente dabei, da es im Heimatland entweder nicht üblich ist, oder die Schlepper diese einbehalten haben (vgl. Berthold; Espenhorst 2013, S. 149).

In Bochum gibt es seit April 2015 eine Clearinggruppe, die in Kooperation mit der Fachstelle UmA des Jugendamts zusammenarbeitet. Auf dem Hof der Einrichtung stehen Bürocontainer, in denen die Mitarbeiter_innen des Jugendamts das Clearingverfahren durchführen:

> *„Sie notieren nach einem standardisierten Interview unter anderem Name und Nationalität, nehmen eine Einschätzung des Alters vor, um sicher zu gehen, dass wie bei Minderjährigen üblich, die Jugendhilfe überhaupt zuständig ist. Es folgen Besuche bei Ärzten und Ämtern" (vgl. Overdyck 2016).*

Sofern die Jugendlichen als minderjährig eingeschätzt wurden, werden sie in die anliegende Clearinggruppe aufgenommen (vgl. Overdyck 2016).

Die Jugendlichen aus Guinea gelten bis zum 21. Lebensjahres als minderjährig, dies wird nach EGBGB Art 7 Abs. 1 "Rechtsfähigkeit und Geschäftsfähigkeit" geregelt. Dort steht:

"Die Rechtsfähigkeit und die Geschäftsfähigkeit einer Person unterliegen dem Recht des Staates, dem die Person angehört. Dies gilt auch, soweit die Geschäftsfähigkeit durch Eheschließung erweitert wird".

Außerhalb der Dienstzeiten der Jugendamtsmitarbeiter_innen können die Jugendlichen, die meist als Selbstmelder nachts oder am Wochenende ankommen, in der Wohngruppe aufgenommen werden bis die Altersfeststellung seitens der Jugendamtsmitarbeiter_innen erfolgt (vgl. Overdyck 2016).

Die Fachstelle des Jugendamts in Bochum für UmA betreut seit ca. 2012 UMF, "die überwiegend aus Guinea stammen" (vgl. Lenz 2016).

"Von den Selbstmeldern, die 2015 in Bochum ankamen waren 25% Guinesen, 2016 sind es aktuell 54%. Da unter den guineischen Selbstmeldern jedoch auch eine hohe Anzahl von Volljährigen ist, ist der Anteil von aktuell betreuten geringer" (Lenz 2016).

Jamaal war, als er im Juli 2015 in Deutschland ankam, zunächst auch in der Clearinggruppe Noah untergebracht und wurde nach Inaugenscheinnahme als minderjährig eingestuft.

7.5 Jugendhilfe / Unterbringung

In Bochum gibt es verschiedene Einrichtungen, in denen Flüchtlinge untergebracht werden. Dies sind beispielsweise Internationale Wohngruppen speziell für UMF, dezentrale Betreuungsplätze oder ambulante Betreuung (Mayer; Quade, S. 12).

Falls keine freien Plätze zur Verfügung stehen, werden die Jugendlichen kurzfristig in der Jugendschutzstelle untergebracht (ebd, S. 12).

Falls die Internationalen Wohngruppen bereits belegt sind, werden die Flüchtlinge auch in Regelwohngruppen oder je nach Bedarf in Intensivwohngruppen untergebracht (vgl. ebd. S.12).

Jamaal wechselte nach dem er in der Clearinggruppe wohnte, in eine Aufnahmegruppe eines anderen Trägers. In der Aufnahmegruppe lebte Jamaal circa acht Wochen, in diesem Zeitraum wurde die Autorin zur Vormundin bestellt. Im Anschluss daran zog Jamaal in eine Trainingswohnung eines anderen Trägers, in der er aktuell noch wohnt. Im Juni wird Jamaal in eine eigene Wohnung ziehen, die er über den Kontakt eines Freundes aus Guinea gefunden hat. Da er mittlerweile 18 Jahre alt ist, hat er mit Unterstützung seiner Vormundin und seiner Pädagogin einen Antrag auf Hilfe für junge Volljährige nach § 41 SGB VIII gestellt. Der Antrag wurde seitens des Jugendamtes bis September 2016 bewilligt.

Tayo wohnte in einer Wohngruppe für UMF, die auf seine körperliche Beeinträchtigung nicht ausgelegt war. Seine Vormundin berichtete, dass er durch die Verletzung durch das Militär in Guinea Schmerzen beim Gehen hatte. Nachdem sie gemeinsam beim Arzt waren, wurde das Ausmaß seiner Beeinträchtigung erst bekannt. Er wurde daraufhin operiert und erhielt nach der schwerwiegenden Operation einen Schwerbehindertenausweis und durfte sich anfänglich nicht bewegen. Da die Wohngruppe nicht barrierefrei war, verbrachte der Jugendliche viel Zeit auf seinem Zimmer. Tayos Vormundin kritisiert den Umgang mit dem Jugendlichen seitens der pädagogischen Mitarbeiter_innen. Sie berichtet von mangelnder Betreuung und sieht dies begründet in der Haltung der Pädagog_innen.

> *„(...)jetzt habe ich das so in dieser Wohngruppe erlebt: „Also wer durch die Wüste kommen kann, wer durch die Sahara kommen kann, der kann doch von hier nach Essen fahren".*

Mittlerweile geht es dem Jugendlichen deutlich besser, die Prozentzahl seines Schwerbehindertenausweis ist auf 60 Prozent zurückgegangen und inzwischen lebt er in einer eigenen Wohnung und wird ambulant vom Sozialdienst betreut.

7.6 Institutionen Rund um UMF

Wie bereits im Kapitel 7.5 Jugendhilfe/ Unterbringung benannt, gibt es in Bochum mehrere Jugendhilfeeinrichtungen, die so genannte Internationale Wohngruppen für UMF anbieten. Außerhalb von Jugendwohngruppen und Jugendhilfeträgern gibt es noch andere Institutionen, die sich mit unbegleiteten minderjährigen Flüchtlingen beschäftigen. In diesem Teilkapitel werden zwei Einrichtungen in Bochum vorgestellt, die einen wesentlichen Teil zur Unterstützung und Begleitung von UMF beitragen.

7.6.1 Projekt Do it! / Kinderschutzbund

Das Projekt *"Do it!"* von der Diakonie Wuppertal und dem Ev. Verein für Betreuungen, Vormundschaften und Pflegschaften e.V., vermittelt seit 2007 ehrenamtliche Vormundschaften für unbegleitete minderjährige Flüchtlinge (vgl. Do it).

Um die zukünftigen Vormünder und Vormundinnen auf ihre Aufgaben vorzubereiten, wurde ein Qualifizierungs- und Betreuungskonzept erarbeitet (vgl. Wrede 2013, S. 166). Dieses umfasst *"eine Schulung der Ehrenamtlichen zu relevanten Themen, Regelmäßigen Erfahrungsaustausch in moderierten Gruppengentreffen und intensive Fallbegleitung durch die Projektleitung"* (vgl. ebd. S. 166).

Das Projekt Do it! gibt es mittlerweile in Berlin, Bochum, Schweicheln und Dortmund (vgl. ebd. S. 167).

In Bochum wird das Projekt seit 2009 von Mitarbeiter_innen des Kinderschutzbundes durchgeführt, zunächst jedoch nur für deutsche Kinder, seit 2011 werden auch UMF, insbesondere aus Guinea, an ehrenamtliche Vormünder und Vormundinnen vermittelt. Aktuell werden 42 ehrenamtliche Vormundschaften für UMF aus Guinea vom Kinderschutzbund begleitet, jedoch gibt es bereits einige Vormundschaften für Jugendliche aus Guinea, die bereits, auf Grund der Volljährigkeit ausgelaufen sind.

7.6.2 Medizinische Flüchtlingshilfe

Die Medizinische Flüchtlingshilfe ist seit 1997 *"eine nicht-religiöse und politisch unabhängige Menschenrechtsorganisation"* (MFH 2016).

Die Schwerpunkte der MFH liegen in der Betreuung von medizinischen und psychosozialen Belangen *"für Überlebende von Folter und anderen schweren Menschenrechtsverletzungen, die als Flüchtlinge hier in Deutschland leben"* (MFH 2016). Die Beratung und Unterstützung der MFH richtet sich an Frauen, Männer, Kinder, Familien und unbegleitete minderjährige Flüchtlinge (vgl. MFH 2016).

> *"Seit nunmehr 10 Jahren unterhält die MFH ein Trauma-Therapiezentrum und ist seit ihrer Akkreditierung 2008 als eines von drei deutschen Zentren beim Internationalen Dachverband der Therapiezentren für Folterüberlebende (IRCT) auch international als Therapiezentrum anerkannt"* (MFH 2016).

Die Arbeitsbereiche der MFH sind:

> *"1. Die Medizinische Flüchtlingshilfe behandelt Illegalisierte kostenlos und anonym (...)*
>
> *2. Die Medizinische Flüchtlingshilfe erkämpft Behandlungen, die nach Asylbewerber-leistungsgesetz verweigert werden (...)*

3. Die Medizinische Flüchtlingshilfe liefert fachkundige Gutachten in Asylprozessen (...)

4. Die Medizinische Flüchtlingshilfe behandelt Folteropfer" (Rauchfuss)".

Seit 2011 gibt es den speziellen Dienst für unbegleitete minderjährige Flüchtlinge zur spezifischen psychosozialen Betreuung und Asylverfahrensberatung (vgl. MFH 2016).

Die MFH kooperiert mit *"Jugendhilfeeinrichtungen, dem Jugendamt, den bestellten Vormündern, Behörden, RechtsanwältInnen sowie intern mit dem Team der Psycho- und KunsttherapeutInnen"* (vgl. ebd.)

Eine besondere Beratung zu Entscheidungsfindungsprozessen zur Asylantragstellung oder der Beratung zur Duldung können dort in Anspruch genommen werden (vgl. ebd.).

Aber auch psychosoziale Beratung, Vermittlung von Adressen für Ausbildungs- oder Arbeitsplätze und Kenntnisvermittlung zu Rechten und Pflichten im deutschen Rechtssystem sind Schwerpunkte in der Beratung von UMF (vgl. ebd.).

Die Autorin war mit Jamaal ebenfalls bei den drei Beratungssitzungen seitens der MFH, die vom Jugendamt finanziert werden.

In den ersten beiden Beratungssitzungen wurden Jamaals Fluchtgründe und seine Fluchterfahrungen besprochen, er konnte selbstständig entscheiden, ob seine Vormundin und die pädagogische Mitarbeiterin, die für ihn zuständig ist, dabei sein durften.

Da Jamaal keine Fluchtgründe angab, die zu einem positiven Asylbescheid geführt hätten, wurde ihm mit Unterstützung eines Dolmetschers erklärt, welche anderen Möglichkeiten bestehen, um in Deutschland bleiben zu können.

7.7 Schule / Ausbildung

Im Art. 7 Abs. 1 des Grundgesetzes ist geregelt, dass das Schulwesen unter staatliche Aufsicht gestellt ist. In Deutschland besteht eine allgemeine Schulpflicht, jedoch regelt jedes Bundesland individuell, wie die Beschulung von Flüchtlingskindern abläuft. In manchen Bundesländern werden Kinder und Jugendliche, die zunächst nur gestattet sind oder keinen rechtlichen Status haben, teilweise nicht beschult (vgl. Massumi et. al. 2015, S. 6). Laut Artikel 28 der UN-Kinderrechtskonvention hat jedes Kind das Recht auf Bildung. In Nordrhein- Westfalen ist es wie folgt geregelt:

„Alle zugewanderten Kinder haben ein Recht auf Bildung, unabhängig vom Aufenthaltsstatus. Für Kinder und Jugendliche im Asylverfahren besteht nach der Zuweisung zu einer Kommune Schulpflicht. Für ausreisepflichtige ausländische Kinder und Jugendliche besteht die Schulpflicht bis zur Erfüllung ihrer Ausreisepflicht" (Ministerium für Schule und Weiterbildung NRW 2016, S. 1f.).

Das bedeutet, auch Jugendliche, die eine Duldung besitzen, haben in NRW das Recht auf Bildung.

In Bochum wenden sich die Mitarbeiter_innen der Wohngruppen nach Ankunft eines neuen Flüchtlings an das Kommunale Integrationszentrum, so dass dem Jugendlichen eine Schule bzw., ein Sprachkurs zugewiesen werden kann (vgl. Mayer; Quade 2014, S. 42).

In Bochum gibt es einige Berufskollegs, die Internationale Förderklassen speziell für UMF anbieten. In den Schulen wird hauptsächlich deutsch unterrichtet. Im Konzept der Förderklassen sind meistens auch Praktika verankert, damit die Jugendlichen die Chance erhalten eine Ausbildung zu beginnen.

UMF mit einer Duldung dürfen ein Studium oder eine schulische Ausbildung ohne Genehmigung der Ausländerbehörde antreten (vgl. Karstens; Voigt 2015, S. 36).

Laut §32 BeschV müssen UMF einen Antrag bei der Ausländerbehörde stellen, wenn sie eine betriebliche Ausbildung beginnen wollen.

Meist reicht das Ausbildungsgehalt der Auszubildenden nicht, um den Lebensunterhalt zu bestreiten. Leistungen nach dem BAföG erhält ein UMF mit Duldung oder Aufenthaltserlaubnis aus humanitären Gründen erst, wenn er oder sie sich bereits seit vier Jahren in Deutschland aufhält (vgl. Gottschalk 2014, S. 231). Seit dem 01.01.2016 wurde die Voraufenthaltszeit von vier Jahren auf 15 Monate verkürzt (BMBF 2015).

Die Jugendlichen, die noch nicht BAföG berechtigt sind, erhalten mit Beginn einer nichtbetrieblichen Ausbildung keine Leistungen zum Lebensunterhalt mehr (vgl. ebd., S. 231). Dies führt häufig dazu, dass die Jugendlichen die Ausbildung aufgrund von finanziellen Engpässen nicht antreten können.

Sowohl Jamaal als auch Tayo besuchen eine Internationale Förderklasse an unterschiedlichen Berufskollegs und berichten beide, dass sie kaum Kontakt zu deutschen Schülern haben.

Tayo berichtet über seine Kontakte in der Schule:

> *„Wir sind in einer Förderklasse, aber ich treffe mich manchmal in der Pausenhalle mit die Deutschen. Ich hab auch die Freunde, die aus Guinea kommen, die haben deutsch Freunde, deswegen kennen wir uns jetzt alle".*

Jamaal äußerte:

> *„Ich habe nur einen deutschen Freund, alle anderen Freunde oder Klassenkameraden sind auch Ausländer, aus Syrien, Albanien und anderen Staaten".*

Tayo macht derzeit ein Praktikum als Koch und möchte nach der Schule eine Ausbildung zum Koch beginnen.

7.8 Freizeit

Beide Jugendlichen berichten, dass die Schule einen wesentlichen Teil ihres Alltags bestimmt, so erklärt Tayo, dass er drei Tage zur Schule gehe und die restlichen beiden beim Praktikum ist. Durch seine Operation hat er viele Termine bei der Physiotherapie und ist dadurch oftmals erst abends zu Hause:

> *"Dann esse ich Brot wie ein Deutscher (lacht) und gehe schlafen. Am Wochenende zu Hause (...) manchmal ein bisschen spazieren gehen".*

Für Jamaal nimmt das Lernen und die Hausaufgaben einen wesentlichen Teil seiner Freizeit in Anspruch, aus seiner Erzählung wird deutlich, dass er sich mehr Abwechslung in seinem Lebensalltag wünscht. Als Begründung für mangelnde Unternehmungen gibt er an, dass die Kosten ihn an bestimmte Tätigkeiten hindern, wie zum Beispiel die Anmeldung bei einem Basketballverein.

> *"Deswegen sitze ich dann halt zu Hause, mache meine Hausaufgaben, wiederhole, gucke manchmal Fernsehen und mache meine Hausaufgaben".*

Aus beiden Erzählungen wird deutlich, dass die Jugendlichen ihren Alltag mit Schule, Praktikum, Lernen und weiteren Terminen füllen und gerne einen anderen Ausgleich hätten. Jamaal besucht regelmäßig Freunde, oder bekommt Besuch von anderen Jugendlichen aus Guinea. Jedoch gibt er meistens an, dass ihm langweilig sei und er sich mehr Aktivitäten und Unternehmungen wünscht.

In Guinea hatte er den ganzen Tag Beschäftigung, er war in der Schule und musste nach der Schule beten und im Koran lesen, da ihm sein Vater dies befahl. Jedoch erzählt er auch von Discobesuchen, die er abends tätigte, so bald sein Vater schlief. Das Wort "Langeweile" gibt es in der Sprache der Fulbe nicht, das Wort kennt Jamaal erst, seit dem er in Deutschland lebt.

7.9 Erwartungen und Bedarfe

In diesem Teilkapitel wird zunächst näher auf in der Literatur dargestellte Erklärungsmodelle zu den Themenschwerpunkt Bedarf bzw. zum Synonym Bedürfnis eingegangen. Abschließend werden die ausgewerteten Antworten der Befragten zu dem genannten Schwerpunkt vorgestellt. Ebenfalls werden die ausgewerteten Erwartungen, die sie an Europa hatten, aufgeführt.

7.9.1 Bedürfnishierarchie nach Maslow

Maslow war ein Psychologe, der als einer der Gründer der humanistischen Psychologie, oder auch *"Psychologie der dritten Kraft"* genannt, bekannt war (Goble 1979, S. 9).

Maslows Grundsatz seiner Werke ist, dass geistige Erkrankung nicht zu verstehen ist, *"ohne geistige Gesundheit zu verstehen"* (Goble 1979, S. 27). Maslow stellte sich die Frage, was Menschen neurotisch macht und entwickelte als Antwort darauf, die Bedürfnishierarchie (vgl. Maslow 1973, S. 37).

Maslow kategorisiert Grundbedürfnisse als gegeben, wenn das:

> *"1. Fehlen Krankheit hervorruft,*
>
> *2. Vorhandensein Krankheit vermeidet,*
>
> *3. Wiederherstellung Krankheit heilt,*
>
> *4. es in gewissen (sehr komplexen) und freigewählten Situationen von der deprivierten Person anderen Befriedigungen vorgezogen wird,*
>
> *5. es inaktiv, auf niedriger Ebene oder funktionell abwesend in der gesunden Person vorgefunden wird" (Maslow 1973, S. 37).*

Maslow untersuchte mehrere, seiner Auffassung nach, gesunde Menschen. Er zog aus den Untersuchungen, dass ihre Grundbedürfnisse befriedigt waren, da diese einen hohen Grad an Selbstverwirklichung anstrebten (vgl. Maslow 1973, S. 40f.). Er erwähnte jedoch, dass seine Untersuchung nicht als zuverlässig anzusehen ist, bevor ein anderer die Untersuchung wiederholt hat (vgl. ebd., S. 40).

Maslow sieht den Menschen als ganze Person, der seine Bedürfnisse nicht abspalten kann, so ist ein Mensch als gesamtes Wesen hungrig und nicht nur ein Teil von ihm (vgl. Goble 1979, S. 57).

Wenn ein Mensch hungrig ist, kann dies ein Ausdruck von einem Mangel an Liebe oder Schutz und muss nicht zwangsläufig ein rein physiologisches Bedürfnis sein (vgl. ebd., S. 59).

"So sind alle menschlichen Bedürfnisse untereinander wechselbezogen" (ebd., S. 59).

In der folgenden Abbildung ist eine mögliche Hierarchiebildung nach Maslow dargestellt. Die benannten Unterpunkte sind Beispiele für die jeweilige Bedürfniskategorien und stellen keine Vollständigkeit dar.

(Abbildung: In Anlehnung an Maslows Bedürfnishierarchie / Peltzer)

Maslow sieht den Menschen als bedürftiges Wesen, der sein ganzes Leben nach Befriedigung strebt (vgl. ebd., S. 60). Wenn der Hunger einer Person gestillt ist, so tauchen neue Bedürfnisse nach beispielsweise Sicherheit und Schutz auf (vgl. ebd., S. 60).

Auch wenn Maslow die Hierarchie, wie in der Abbildung beschrieben hat, warnt er davor *"die Hierarchie der Bedürfnisse allzu genau zu nehmen"* (ebd., S. 69).

Physiologische Bedürfnisse: Die physiologischen Bedürfnisse, die auch die Grundbedürfnisse sind, reichen von: Nahrung, Wasser, Luft und Sex, bis zu allen anderen Bedürfnissen, die das Überleben sichern (vgl. ebd., S. 58f.).

Sicherheitsbedürfnisse: Nach Maslow sind dies vor allem Bedürfnisse, die Kinder und neurotische Personen haben, z.B.: der Drang nach Ordnung und Stabilität (vgl. ebd., S. 60f.).

Soziale Bedürfnisse: Soziale Bedürfnisse beinhalten den Wunsch nach Zugehörigkeit, Freundschaft und Liebe, sowohl das Geben von Liebe, als auch das Empfangen (vgl. Maslow 1973, S. 55f.).

Ich- Bedürfnisse: Für Maslow geht es in dieser Hierarchiekategorie um die Achtung von anderen Menschen und die Selbstachtung (vgl. Goble 1979, S. 63f.).

Selbstverwirklichung: Als letzte Kategorie sieht Maslow das psychologische Bedürfnis, als das Streben nach Selbstverwirklichung an (vgl. ebd., S. 64ff.).

7.9.2 Erwartungen und Wünsche der Jugendlichen in Bochum

Jamaals wichtigste Erwartung an Deutschland bzw. Europa war, dass es dort sicher ist, vor allem die Gesundheitsversorgung bzw. die Sicherheit vor Krankheiten war für seine Flucht ausschlaggebend. Aber auch das Bildungssystem und die Umsetzung der Menschenrechte waren seine Erwartungen an Europa.

> *"Also ich hatte kein konkretes Bild, ich wusste einfach nur, es gibt Sicherheit, es gibt die Sicherheit vor Krankheit, vor allem. Und das habe ich mir ausgemalt".*

Die Informationen über Europa bzw. Deutschland sind laut Jamaal überall präsent, ob in der Schule, im Cafe oder im Fernsehen, die Menschen vor Ort unterhalten sich über die Unterschiede.

Laut Jamaal haben sich seine Erwartungen erfüllt, er betont immer wieder, wie friedlich es in Deutschland ist und das es keine Proteste gibt.

Sein Wunsch ist es, weiterhin viel zu lernen und im Anschluss eine Ausbildung zu machen, beispielsweise als Gas-Wasser-Installateur. Jamaal möchte in Zukunft in Deutschland wohnen bleiben, denn:

"In Moment kann ich mir nicht vorstellen, wieder zurück nach Guinea zu gehen, weil ich keinen Kontakt zu meiner Famile oder sonst irgendwem habe und dort nicht die Möglichkeit hätte, eine Ausbildung oder einen Beruf machen zu können. Deswegen geht es im Moment auch gar nicht".

Des Weiteren wünscht sich Jamaal selbstverantwortlich zu sein, das bedeutet für ihn, arbeiten gehen und Geld zu verdienen.

Jamaal wurde in der Geschäftsstelle der MFH über seine Möglichkeiten, in Deutschland bleiben zu können, aufgeklärt. Trotzdem ist er noch sehr verunsichert, was seine Rechte sind und wie er eine gute Bleibeperspektive erlangen kann. In der Schule wurde ihm geraten, sich anzustrengen und eine Ausbildung anzustreben, damit er eine bessere Chance hat in Deutschland bleiben zu dürfen. Da dies sein Wunsch ist, hält er sich an diese Worte und strengt sich an. Er ist dankbar für jede Unterstützung, die er erhalten kann, um eine Aufenthaltserlaubnis in Deutschland zu erlangen.

Amtsvormund X äußerte, dass die Jugendlichen "Schutz, Unterkunft, Essen, Bildung, Sport" erwarten. Häufig möchten sie in Fußballvereine oder ins Fitnesscenter, außerdem äußern viele den Wunsch baldmöglichst in eine eigene Wohnung zu ziehen.

Tayo berichtet, dass er in Guinea einiges über Frankreich gehört hat, er sagte, dass sein Ziel daher bewusst Frankreich war, auch auf Grund der Sprache.
Tayo betont, dass er das demokratische System in Deutschland wertschätzt. Da er aufgrund der Gewalt seitens des Militärs geflohen ist, war auch für ihn ein wensentlicher Aspekt, die Sicherheit.
Trotzdem äußert er von der Teils negativen Haltung mancher Deutscher gegenüber Ausländern. Er berichtet, dass er selbst diese Erfahrung nicht gemacht hat, sondern von Freunden davon erfahren hat. Sein Freund berichtete ihm, dass manche Deutsche Vorurteile gegenüber Flüchtlingen haben und Urteile über einzelne Flüchtlinge häufig auf alle übertragen.

Die positiven Möglichkeiten in Deutschland überwiegen jedoch, so dass er vorerst in Deutschland bleiben möchte. Aufgrund seiner Operation und seiner Hepatitis Erkrankung muss er dies auch die nächsten Jahre, da weitere Nachuntersuchungen erfolgen.

Sein großer Wunsch ist:

> *"Ja! Mein Wunsch ist in Deutschland gut lebe und danach gut nach Hause zurück gehen. (...)Ja, ich muss das. Wieder. Ich hab das im Kopf. Aber ich weiß nicht wann. (Pause) Ich muss das. (...)Ich möchte gerne".*

An dieser Stelle des Interviews strahlte Tayo über das ganze Gesicht.

Seine Vormundin vermutet ebenfalls, dass Tayos Wunsch ist, eine Ausbildung in Deutschland zu erhalten und nach einigen Jahren wieder zurück nach Guinea zu gehen.

7.9.3 Bedarfe der Jugendlichen

Laut Espenhorst vom Bundesfachverband umF haben viele der Jugendlichen ein hohes Bedürfnis nach Schutz und Sicherheit (vgl. Vogt 2015, S. 44). Er berichtet, dass viele UMF seitens Behörden oder Polizei Repression erwarten, auf Grund ihrer Erfahrungen in der Vergangenheit (vgl. ebd., S.44). Das Abbauen dieser Ängste benötigt viel Vertrauensarbeit seitens der Fachkräfte, die mit UMF arbeiten (vgl. ebd., S. 44).

2011 wurde im Clearinghaus in Dortmund eine Studie durchgeführt. Dort wurden unter anderem UMF zu ihren Erwartungen und Wünschen befragt. Bei der Auswertung der Ergebnisse wurde ersichtlich, dass die Jugendlichen, die bereits länger in Deutschland waren eher negative Dinge über das Land zu berichten hatten, als die Jugendlichen, die bereits vor kürzerer Zeit in die Bundesrepublik kamen (vgl. Akbasoglu et al. 2012, S. 32).

Möglicherweise kann dies damit zusammenhängen, dass die Jugendlichen, die erst seit kurzer Zeit in Deutschland leben, noch nicht so vertraut mit den Gesetzen und dahingehenden Einschränkungen für UMF sind. Die Bedürfnishierarchie nach Maslow wäre eine weitere, mögliche Erklärung für die Antworten der Jugendlichen. Die UMF, die bereits einen längeren Aufenthalt in Deutschland hinter sich hatten, haben ihre Grundbedürfnisse vorerst befriedigt und nun neue Bedürfnisse wahrgenommen, die sie jedoch aktuell nicht befriedigen können.

Wie den Interviews der beiden Jugendlichen zu entnehmen ist haben sowohl Tayo, als auch Jamaal ein starkes Bedürfnis nach Sicherheit. Beide betonen immer wieder, dass sie in ihrer Heimat sozialen und politischen Unsicherheiten ausgesetzt waren und sich in Deutschland sicher vor Gefahren, wie politischen Aufständen, oder Krankheiten fühlen.

Jamaal betont mehrmals, dass es in Deutschland im Vergleich zu Guinea ruhig ist, dies spiegelt sein Bedürfnis, nach Sicherheit wider.

Trotzdem ist Jamaal häufig sehr verunsichert und macht sich große Sorgen bezüglich seiner aufenthaltsrechtlichen Lage. Er befürchtet, dass er nach Anbruch des 21. Lebensjahres Deutschland verlassen muss, da er nur eine Duldung besitzt. Er äußerte den Wunsch nach weiterer Beratung, weil er sich zwar vorübergehend in Deutschland sicher fühlt, jedoch seine Duldung, wie ein Damoklesschwert über ihm schwebt.

Seinen Bedarf nach Bildung und einem sicheren Gesundheitssystem sieht er als erfüllt an, er geht gerne in die Schule und ist fleißig. Seine sozialen Kontakte in Deutschland beschränken sich auf andere unbegleitete minderjährige Flüchtlinge aus Guinea oder UMF aus anderen Ländern. Kontakt zu Familienmitgliedern oder Freunden in Guinea hat er nicht, da ihm sein Mobiltelefon während der Flucht entwendet wurde.

Wie im Kapitel 3.2.3 Fulbe erläutert, ist der Familienzusammenhalt und die Gemeinschaft in Guinea sehr bedeutend. Jamaal freut sich über Einladungen seiner Vormundin und wünscht sich mehr Zeit mit ihr zu verbringen. Er äußerte, dass es ihm wichtig sei, auch nach Ablauf der Vormundschaft in Kontakt zu bleiben und nennt sie seine deutsche "Mama". Jamaal ist Moslem und wollte von seiner Vormundin wissen, ob er seine Religion in Deutschland ausüben dürfe. Die Meinung seiner Vormundin war ihm sehr wichtig, da bei den Fulbe die Eltern ein strenges Erziehungskonzept haben. An Hand dieser Beispiele ist ersichtlich, dass Jamaal ein starkes Bedürfnis nach sozialen Kontakten verspürt, da er nicht nur seine Familie, sondern auch das Gemeinschaftsgefühl verloren hat.

Jamaal äußert, dass er gerne Hobbys ausüben würde, dies ist ein Selbstverwirklichungs-bedürfnis. Anders, als in der Theorie nach Maslow vorgesehen, müssen seine Grundbedürfnisse nicht erst befriedigt sein, um in eine andere Bedürfniskategorie zu kommen. Jamaal erzählte beispielsweise, dass er schon auf Nahrung verzichtet hat, um sich teurere Schuhe zu leisten. Er hat in dem Fall sein Ich-Bedürfnis nach Anerkennung und seine sozialen Bedürfnisse nach Zugehörigkeit, durch den Erwerb der Markenschuhe, vor sein Grundbedürfnis nach Nahrung gestellt.

Jamaal nimmt gerne Hilfe und Unterstützung an und hat "Hilfe zur Erziehung für junge Volljährige" beantragt, da er durch seine mangelnden Deutsch- und Kulturkenntnisse einen Unterstützungsbedarf aufweist. Alltagspraktische Tätigkeiten, wie beispielsweise Einkaufen oder Kochen hat er bereits in der Wohngruppe erlernt. Jedoch versteht er Formulare und wichtige Unterlagen nicht und benötigt dafür Hilfe.

Jamaal fällt es häufig schwer, um Unterstützung zu bitten, möglicherweise, weil in Guinea seitens der Eltern vieles vorgegeben wurde und er dies bisher noch nicht erlernt hat. Eine andere Möglichkeit ist, dass er, wie im Kapitel 3.2.3 Fulbe erläutert wurde, der Tradition der Verschwiegenheit folgt.

Tayo hat auf Grund seiner Operation und seiner daraus resultierenden Gehbehinderung und seiner Hepatitisinfektion einen hohen Bedarf an medizinischer Betreuung. Auch durch seine traumatischen Erfahrungen im Herkunftsland hat Tayo einen Bedarf nach Psychotherapie. Seine Vormundin erwähnt, dass er zwar "relativ erwachsen" ist, jedoch mehr Unterstützung bräuchte, die er aber nicht annehmen möchte.

Durch seine Aufenthaltserlaubnis nach §25 AufenthG, hat er vorerst sein Bedürfnis nach Sicherheit befriedigt. Er strebt eine Ausbildung zum Koch an, die er durch seine Aufenthaltserlaubnis auch ausführen darf. Da in Frankreich Familienmitglieder von Tayo wohnen und er mit der Aufenthaltserlaubnis dorthin reisen und wieder nach Deutschland einreisen darf, erhofft sich seine Vormundin, dass ihm durch die Befriedigung seiner sozialen Bedürfnisse das Leben in Deutschland leichter fallen wird.

Auch Tayo äußert, dass ihm Aktivitäten außerhalb seines Alltags fehlen und er wenig Zeit hat, abseits von Physiotherapie, Schule und Praktikum.

Auf Grund seiner Behinderung sieht seine Vormundin ein hohes Bedürfnis an Unterstützung. Da die Wohngruppe in der Tayo lebte, nach ihrer Aussage den Bedürfnissen nicht gerecht wurde, besuchte sie ihn teilweise täglich in der Wohngruppe, um mit ihm Ausflüge zu unternehmen.

Auch Tayo äußert, dass er die Unterstützung seiner Vormundin schätzt, weil
"wir unternehmen viel zusammen".

Insgeheim ist für Tayo klar, dass der Aufenthalt in Deutschland nur seine vorübergehenden Bedürfnisse befriedigt. Sein soziales Bedürfnis steht über dem Bedürfnis nach Sicherheit. Sein Wunsch ist es, in einigen Jahren wieder zurück nach Guinea zu gehen.

7.10 Perspektive

Wie bereits erwähnt, kommen die meisten UMF in Bochum aus Guinea. Laut der Mitarbeiter_innen der Organisation haben die meisten männlichen Jugendlichen aus Guinea wenig Chancen auf einen positiven Asylbescheid, da :

> "(...)bei der Beantragung von Asyl muss ja immer eine eigene Betroffenheit des Jugendlichen da sein und das ist ja nicht, also das ist ja in der Regel in der Familie (...) Und da war es zumindest bisher immer so, dass da eigentlich zu wenig konkrete Anhaltspunkte, das wird ja so abgeprüft, nach welchen Kriterien ist ein Asyl möglich, da gibt es ja auch nochmal innerhalb des Asylrechts verschiedene Möglichkeiten, verschiedene Stufen, die man erreichen kann und da war das aber immer so, dass letztendlich für einzelne Jugendliche aus Guinea das nicht nachweisbar war".

Bei Mädchen aus Guinea ist die Chance auf Asyl deutlich höher,

> "die Frauen aus Guinea, die jungen Frauen, die haben schon eine Möglichkeit Asyl zu bekommen. (...) Also da sind auch welche hier in Bochum, die Asyleigenschaften zuerkannt bekommen haben und (...) Auf Grund der Rolle als Frau".

Daher empfehlen die Mitarbeiter_innen bevor ein Antrag gestellt wird, eine Beratung bei der MFH vorzunehmen. In den meisten Fällen der männlichen Jugendlichen läuft es darauf hinaus, eine Aufenthaltserlaubnis nach §25a des AufenthG zu erlangen.

Einige Jugendliche in Bochum haben bereits eine befristete Aufenthaltserlaubnis erhalten. Bisher wurde kein ehemaliges Mündel aus Guinea eines ehrenamtlichen Vormunds oder einer Vormundin abgeschoben, jedoch wurden bereits Petitionen bei anderen UMF gestellt, die abgeschoben werden sollten.

Auch Amtsvormund X ist kein Fall bekannt, wo ein UMF nach Volljährigkeit abgeschoben wurde.

Tayo hat, wie bereits erwähnt, eine befristete Aufenthaltserlaubnis und darf die nächsten Jahre vorerst in Deutschland bleiben.

Jamaal hat eine Duldung und darf, bis zur Erreichung der Volljährigkeit mit 21 Jahren, in Deutschland bleiben. Bis dahin möchte er möglichst gute Noten erwerben und eine Ausbildung anstreben, um eine Aufenthaltserlaubnis nach §25a für gut integrierte Jugendliche zu erhalten.

7.11 Bedürfnisse vs. Realität

Jamaal hat das starke Bedürfnis nach Schutz und Sicherheit, beides hatte er erwartet in Deutschland zu finden. Das Bedürfnis nach Sicherheit und Schutz steht im Konflikt zur Ungewissheit seines rechtlichen Status.

Obwohl Jamaal bereits bei der MFH über seine Rechte, Pflichten und Möglichkeiten für eine Aufenthaltserlaubnis aufgeklärt wurde, äußerte er im Interview, dass er nicht genau wisse, was die Duldung für ihn bedeute.

Häufig äußert Jamaal gegenüber seiner Vormundin seine Ängste und Sorgen bezüglich seiner Zukunft in Deutschland. Er äußerte im Interview, dass er einen großen Wunsch und Bedarf in Form von Unterstützung und Beratung zu seiner aufenthaltsrechtlichen Situation hat.

Die rechtliche Situation vieler Flüchtlinge in Deutschland korreliert mit der täglichen Ungewissheit und der unsicheren Zukunftsperspektive.

Jamaals Wunsch nach Beratung kann nachgekommen werden, jedoch werden seine Unsicherheiten und Ängste bezüglich seines Aufenthalts in Deutschland erst dann abgelegt sein, wenn dieser gesichert ist.

Die Pädagog_innen sollten sich mit der rechtlichen Situation der UMF beschäftigen, um sie über Möglichkeiten und Grenzen ihrer Rechte zu informieren.

Beispielsweise ist eine Möglichkeit, eine Aufenhalthsltserlaubnis für gut integrierte Jugendliche über Bildung und Integration zu erlangen.

Jamaal möchte gerne viel lernen und einen Beruf ausüben, durch die Internationale Förderklasse kommt er nicht mit deutschen Schüler_innen in Kontakt. Die Begegnungen zu deutschsprachigen Jugendlichen würden den Zugang zur deutschen Sprache und Kultur erleichtern.

Durch den Eintritt in den Basketballverein wäre Jamaal in Verbindung mit deutschen und ausländischen Jugendlichen gekommen, jedoch wurde der Jahresbeitrag seitens des Jugendamtes nicht genehmigt. Sein Bedürfnis Basketball zu spielen ist jedoch nicht so hoch, dass er dies von seinem Lebensunterhalt bezahlen möchte.

Jamaal erhielt seitens seiner Vormundin den Hinweis, dass eine Vereinsanbindung ein mögliches Kriterium für einen Nachweis auf Integration aufweist und sich somit bei einer späteren Antragsstellung positiv auswirken kann.

Aus den Beispielen mit seiner Vormundin lässt sich ableiten, dass Jamaal durch die Abwesenheit seiner Eltern einen familiären Halt bei seiner Vormundin sucht.

Durch die Abwesenheit seiner afrikanischen Familie, die ihm stets vorgab was er machen soll, ist Jamaal teilweise verunsichert. Seiner Vormundin sagte er beispielweise, dass sie ihm eine Frau suchen dürfe, da sie nun seine deutsche "Mama" sei. In seiner Familie stand der Zusammenhalt über dem Wohlergehen des Individuums, so dass Jamaal in Deutschland erst einmal lernen musste, auf sich alleine gestellt zu sein.

Jamaal kocht in der Regel traditionelles Essen aus Guinea und hört größtenteils afrikanische Musik. Europäisches Essen ist ihm so fremd, dass er es teilweise gar nicht probieren möchte. Da er sich bereits in den Wohngruppen selbstversorgt hat, konnte er diesen Bedürfnissen nachgehen.

In seiner Freizeit trifft er sich mit seinen Freunden aus Guinea, mit denen er ausschließlich Fula spricht.

Jamaal äußert häufig, dass er das demokratische System in Deutschland, die Ruhe und den Frieden schätzt. Andererseits fällt es ihm schwer beispielweise die Gleichstellung von Mann und Frau zu akzeptieren.

Er berichtete, dass es in Guinea normal sei, dass die Frau sowohl essen macht, arbeiten geht, für die Kinder sorgt und alles macht, was ihr Mann ihr befiehlt. Diesen Aspekt seiner Sozialisation sieht Jamaal als normal an.

Jamaals Bedürfnis nach seiner Heimat lebt er im Alltag durch traditionelle Gerichte aus Guinea, Musik und seinen Kontakten innerhalb seines Freundeskreis aus Guinea aus. Er setzt sich kritisch mit der politischen Situation, dem Gesundheits- und Bildungssystem in Guinea und der Erziehung seines Vaters auseinander. Jedoch hinterfragt Jamaal einige Traditionen, wie beispielweise das traditionelle Frauenbild der Fulbe nicht.

Tayo äußerte im Interview zwar, dass er in seiner Freizeit nicht viel unternehme, jedoch berichtete seine Vormundin, dass er teilweise extrem viel Alkohol trinkt und im Rauschzustand bereits ein paar Mal mit dem Gesetz in Konflikt kam.

Möglicherweise ist der starke Alkoholkonsum ein Hilfsmittel zur Betäubung seiner aufkeimenden Bedürfnisse nach seiner Familie. Des Weiteren dient der Konsum eventuell dazu, seine Schmerzen auf Grund seiner Verletzung zu betäuben, oder die traumatischen Ereignisse zu vergessen.

Tayo hat durch die Aufenthaltserlaubnis die Möglichkeit, seine Verwandten zu besuchen und strebt eine Ausbildung zum Koch an, sofern dies mit seiner Behinderung zu vereinbaren ist. Mittlerweile lebt er in einer eigenen Wohnung und wird regelmäßig ambulant betreut. In der Wohngruppe, in der er vorher lebte, wurde laut Aussage seiner Vormundin nicht bedürfnisorientiert gearbeitet. Die Jugendlichen wurden dort als Erwachsene angesehen, da sie die anstrengende Flucht, ohne Eltern oder andere Familienmitglieder von Afrika nach Deutschland bewältigt haben.

Viele Jugendliche aus Guinea sind bereits früh sehr selbstständig und strebsam, trotzdem haben sie einen Anspruch auf Unterstützung, da sie durch die Erlebnisse im Heimatland und den häufig beschwerlichen Weg viele Bedarfe mitbringen. Die kulturellen Differenzen und die Abwesenheit ihrer Familie sind sehr belastend für viele UMF.

Tayo's Vormundin sieht die „Isolation" der UMF in Internationalen Wohngruppen als „Fehler" an, auf Grund des Spracherwerbs und der fehlenden Integration.

> *„Also, dass man einfach in den Wohngruppen mehr darauf achtet, dass die auch was lernen. Und zwar so alltagspraktische Dinge, die hier nötig sind. Das man einfach mehr spricht mit denen, dass die mehr – also viele Afrikaner sind ja zweisprachig, und ich denke so schwer ist das nicht, da miteinander in Kontakt zu kommen".*

Die Situation für UMF aus Guinea in Bochum ist in Abhängigkeit des deutschen Rechtssystems gut. Durch den Kinderschutzbund und das Projekt *Do it!* ist eine gute Grundlage zur Weiterbildung und Begleitung von ehrenamtlichen Vormündern und Vormundinnen gegeben. Die Ehrenamtlichen haben in der Regel mehr Zeit, um sich intensiver mit den Jugendlichen auseinander zu setzen, als Amtsvormünder und Amtsvormundinnen.

Das Ausländerrecht ist sehr kompliziert und es ändern sich stetig einige Gesetze, so dass die Pädagog_innen sich immer wieder neu einlesen müssen.

Die Pädagog_innen haben den Auftrag, den Jugendlichen Schutz zu bieten und sie in ihrer Entwicklung zu unterstützen und zu beraten (vgl. Hargasser 2014, S.118). Jedoch steht dieser Auftrag im Gegensatz zum Clearingverfahren, der die Identität und Herkunft der

Jugendlichen und somit eine mögliche, bevorstehende Abschiebung, nach Volljährigkeit ermöglichen soll (vgl. ebd., S. 121).

Für die Pädagog_innen ist es eine tägliche Gratwanderung zwischen den Bedürfnissen der Flüchtlinge, der Ausländerbehörde, des Jugendamtes und der Jugendhilfe (vgl. ebd., S. 121).

8. Schlussbetrachtung und Ausblick

Durch Gewalt- oder Kriegserfahrungen bzw. Erlebnisse auf der Flucht sind einige der Kinder und Jugendlichen traumatisiert. Sie kommen nach Deutschland, um hier Schutz und Sicherheit zu finden. Der Rahmen einer Wohngruppe kann den Kindern und Jugendlichen bei der Unterstützung im Alltag ein erstes sicheres Ankommen ermöglichen. Die Jugendlichen sind mit den Gesetzen des neuen Landes noch nicht vertraut, sprechen die Sprache nicht und sind auf Hilfe angewiesen.

In einer Internationalen Wohngruppe haben sie in der Regel bereits Landsleute, mit denen sie sich über ihre Fluchterfahrungen austauschen können.

Als große Gefahr für die Sicherheit ist die Beantwortung der Aufenthaltserlaubnis zu sehen, da die meisten Flüchtlinge nur eine Duldung erhalten. Zwar ist ihr Status bis zu ihrer Volljährigkeit erst einmal gesichert, jedoch ist ungeklärt, ob sie im Anschluss bleiben dürfen.

Auch Jamaal äußert immer wieder, dass er Angst davor habe, mit 21 Jahren abgeschoben zu werden. Auch wenn er weiß, dass er die nächsten drei Jahre voraussichtlich in Deutschland bleiben darf.

Der Nachteil einer Internationalen Wohngruppe ist, dass Probleme beim Erwerb der deutschen Sprache auftreten können (vgl. Schmieglitz 2014, S. 86).
Bei der Unterbringung in einer Regelwohngruppe, in der hauptsächlich deutsche Kinder und Jugendliche leben, ist der Vorteil, dass die Flüchtlinge durch Kontakte zu deutschen Kindern schneller integriert werden können (vgl. ebd.).
Der Nachteil ist jedoch, dass einige der deutschen Kinder und Jugendlichen verhaltensauffällig sind und dadurch die Gefahr eines negativen Vorbilds durch diese Verhaltensweisen besteht (vgl. ebd.).
Für besonders belastete, unbegleitete Flüchtlinge gibt es Intensivwohngruppen, die durch einen höheren pädagogischen Stellenschlüssel und der häufig geringeren Anzahl an Bewohner_innen mehr Möglichkeiten für eine intensivere Betreuung versprechen (vgl. ebd. S. 86f.).

Die Arbeit mit UMF setzt die Auseinandersetzung mit verschiedenen Themenfeldern seitens der Pädagog_innen voraus. Sowohl aktuelle gesetzliche Neuerungen, als auch Kenntnisse über die Herkunftsländer und die jeweilige Kultur des Jugendlichen sind wichtige Bestandteile in der täglichen Arbeit mit UMF.

Die Jugendlichen sollen im Rahmen ihrer aufenthaltsrechtlichen Möglichkeiten in die Gesellschaft integriert werden, dennoch ist es wichtig, dass den Jugendlichen ein Raum geschaffen wird in dem sie ihre Kultur leben können.

Unbegleitete minderjährige Flüchtlinge sind ein heterogener Personenkreis, auch wenn sie miteinander teilen, dass sie unbegleitet in Deutschland angekommen sind (vgl. Berthold; Espenhorst 2013, S. 151). Jeder einzelne UMF hat unterschiedliche Erfahrungen im Herkunftsland und auf der Flucht gesammelt. Sie haben unterschiedliche Bildungserfahrungen gemacht und benötigen eine individuelle Förderung.

Trotzdem können Jamaal's und Tayo's Bedürfnisse nach Schutz, Sicherheit, Bildung und Beziehung stellvertretend für die Bedürfnisse aller Kinder und Jugendlichen, insbesondere der Personengruppe UMF betrachtet werden.

Heilpädagogisches Handeln setzt ressourcenorientiertes und ganzheitliches Arbeiten voraus. Die Stärken der Jugendlichen stehen im Fokus, daran wird im heilpädagogischem Arbeitskontext angeknüpft. Durch Akzeptanz und Wertschätzung kann ein positiver Beziehungsaufbau zu den Jugendlichen stattfinden.

Die Pädagog_innen benötigen sowohl regelmäßige aufenthaltsrechtliche Schulungen, als auch die Auseinandersetzung mit den Herkunftsländern und dem Themengebiet Traumatisierungen.

In Bochum gibt es bereits mehrere Einrichtungen, die sich auf UMF spezialisiert haben durch Internationale Wohngruppen. Tayos Vormundin hat in einer der Wohngruppen in Bochum schlechte Erfahrungen mit der Betreuung ihres Mündels gemacht.

Die Autorin hingegen sah Jamaal in den Wohngruppen und der derzeitigen Betreuung als gut aufgehoben.

Eine Schulung bzw. Fortbildungen für Mitarbeiter_innen im Bereich UMF wäre sinnvoll, um alle pädagogischen Fachkräfte auf die speziellen Bedarfe vorzubereiten und einzuarbeiten.

Durch die Beratung der Mitarbeiter_innen der MFH haben die Jugendlichen die Möglichkeit über ihre Rechte und ihre mögliche Perspektive aufgeklärt zu werden.

Grundsätzlich gibt es in Bochum viele Netzwerke, die sich mit Flüchtlingen auseinandersetzen. Sowohl Vereine, Organisationen, als auch Universitäten oder die EvH Bochum treten in Kontakt mit Flüchtlingen und bieten verschiedene Projekte und Angebote an.

Es gibt einige afrikanische Vereine in Bochum, jedoch gibt es bisher keinen Verein speziell für Menschen aus Guinea. Der größte Teil der UMF kommt aus Guinea. Es bleibt abzuwarten, wie die Guineer ihre Zukunft in Bochum gestalten werden. Es werden dringend Fachkräfte benötigt, Bochum könnte demnach von den wissbegierigen und strebsamen Guineern profitieren.

Durch die Schulung der ehrenamtlichen Vormünder und Vormundinnen seitens der Mitarbeiter_innen vom Kinderschutzbund konnten bereits circa 50 UMF an Ehrenamtliche vermittelt werden. Durch den Kontakt zu einem ehrenamtlichen Vormund bzw. einer ehrenamtlichen Vormundin haben die Jugendlichen meistens die Möglichkeit, einen intensiven persönlichen Kontakt aufzubauen.

Das Projekt *Do it!* wird zunehmend ausgeweitet, da der Bedarf nach ehrenamtlichen Vormündern und Vormundinnen zu nimmt (vgl. Wrede 2013, S. 167). Sowohl Tayo als auch Jamaal empfinden den Einsatz ihrer ehrenamtlichen Vormundinnen als bereichernd, da sie dadurch einen festen Ansprechpartner und teilweise Familienersatz haben.

Die Bundesrepublik Deutschland hat am 25.05.2016 das Integrationsgesetz beschlossen, in dem die klare Trennung von Flüchtlingen mit guter Bleibeperspektive und Flüchtlingen ohne Perspektive auf Anerkennung als Flüchtling benannt wird.

„Menschen, die eine gute Bleibeperspektive haben, sollen möglichst zügig in unsere Gesellschaft und in den Arbeitsmarkt integriert werden. Flüchtlinge ohne Perspektive auf Anerkennung als Flüchtlinge oder subsidiär Schutzberechtigte sollen mit Blick auf die Rückkehr in ihre Herkunftsländer adäquat gefördert werden" (Entwurf eines Integrationsgesetzes 2016).

Das neue Integrationsgesetz

INTEGRATION FÖRDERN

GEMEINSAM STARK
DAS NEUE INTEGRATIONSGESETZ

INTEGRATION FORDERN

100.000 Flüchtlings-
integrationsmaßnahmen

Mehr Berufsausbildungsförderung

Befristete Aussetzung der Vorrangprüfung
abhängig vom regionalen Arbeitsmarkt

Erweiterte Integrationskurse mit Wertevermittlung

Sicherer Aufenthaltsstatus während und nach der Ausbildung

Pflicht zur Mitwirkung
bei Integrationsmaßnahmen

Befristete Wohnsitzzuweisung
zur Vermeidung sozialer Brennpunkte

(Quelle: BMAS http://www.bmas.de/DE/Presse/Meldungen/2016/integrationsgesetz.html)

In dem Gesetz sind einige Verbesserungen für Flüchtlinge, die eine gute Bleibeperspektive haben, vorgesehen. Jedoch werden auch Sanktionen, in Form von Geldstrafen oder als letzte Konsequenz die Abschiebung, verhängt. Die Sanktionen treten ein, wenn Flüchtlinge beispielsweise nicht an einem Integrationskurs teilnehmen wollen.

Für Flüchtlinge, die nach §29a AsylG aus einem sicheren Herkunftsstaat kommen, sind durch den Gesetzesentwurf noch mehr Einschränkungen gegeben. Guinea ist nicht als sicheres Herkunftsland aufgelistet.

Demnach haben UMF aus Guinea mit einer Duldung, sowie mit einer Aufenthaltserlaubnis aus humanitären Gründen nach diesem Entwurf zukünftig einen verbesserten Zugang zu Ausbildungsförderung nach §132 SGB III. Demnach wird ihnen Ausbildungsförderung genehmigt, wenn sie seit mindestens 12 Monaten in Deutschland geduldet sind.

Trotz der das Tatsache, dass Guinea nicht als sicheres Herkunftsland gilt, ist die Perspektive für UMF nicht sicher. In welche der beiden Kategorien die Jugendlichen aus Guinea zukünftig fallen liegt demnach im Ermessen des Bundesamtes für Migration und Flüchtlinge.

Den Pädagog_innen bleibt die Möglichkeit, an den Ressourcen der Jugendlichen anzuknüpfen und sie in ihrer Entwicklung zu einer eigenständigen und selbstbewussten Persönlichkeit zu unterstützen.

9. Literaturverzeichnis

AKBASOGLU et. al. (2012): *Unbegleitete minderjährige Flüchtlinge im Clearinghaus.* ISF Ruhr Forschungsbericht Band 1. Dortmund /Düssedorf.

ANGENENDT, Steffen (2000): *Kinder auf der Flucht. Minderjährige Flüchtlinge in Deutschland.* Opladen: Leske + Budrich.

ATTESLANDER, Peter (2006): *Methoden der empirischen Sozialforschung.*11. Auflage. Berlin: Erich Schmidt Verlag GmbH & Co.

AUSWÄRTIGES AMT (2016): http://www.auswaertiges-amt.de/DE/Aussenpolitik/Laender/Laenderinfos/01-Nodes_Uebersichtsseiten/Guinea_node.html (aufgerufen am 07.06.2016).

BERTHOLD, Thomas / ESPENHORST, Niels (2013): *Equal but not the same. Standards für junge Flüchtlinge in der Jugendhilfe.* In: unsere jugend (2013): 65 Jg, S. 146- 153.München Basel: Ernst Reinhardt Verlag.

BUNDESAMT FÜR MIGRATION UND FLÜCHTLINGE (2014): *Konferenzbericht: Unbegleitete Minderjährige.* http://www.bamf.de/SharedDocs/Meldungen/DE/2014/tagung-unbegleiteteminderjaehrige-bericht.html (aufgerufen am 29.05.2016).

BUNDESAMT FÜR MIGRATION UND FLÜCHTLINGE (2016): *Das Bundesamt in Zahlen 2015. Asyl.* Nürnberg.

BUNDESAMT FÜR MIGRATION UND FLÜCHTLINGE (2016): *Flughafenverfahren.*http://www.bamf.de/DE/Migration/AsylFluechtlinge/Asylverfahren/BesondereVerfahren/FlughafenDrittstaaten/flughafen-drittstaaten.html?nn=1363268 (aufgerufen am 29.05.2016).

BUNDESMINISTERIUM FÜR ARBEIT UND SOZIALES (2016):
http://www.bmas.de/DE/Presse/Meldungen/2016/integrationsgesetz.html (aufgerufen am
07.06.2016).

BUNDESMINISTERIUM FÜR BILDUNG UND FORSCHUNG (2015): *Pressemitteilung:
104/2015.Schnellere BAföG-Unterstützung für Flüchtlinge.*
https://www.bmbf.de/de/schnellere-bafoeg-unterstuetzung-fuer-fluechtlinge-954.html
(aufgerufen am 06.06.2016).

BUSCHFORT, Wolfgang (2015): *Knappschaft und Bochum stellen Kooperation vor.*
https://www.knappschaft.de/DE/3_Service/01_top_service/01_presse/presse_archiv/2015/20
15_12_18.html?nn=481576 (aufgerufen am 29.05.2016).

DETEMPLE, Katharina (2015): *Zwischen Autonomiebestreben und Hilfebedarf.
Unbegleitete minderjährige Flüchtlinge in der Jugendhilfe.* 2. unveränderte Auflage.
Baltmannsweiler: Schneider Verlag.

DEUTSCHER CARITASVERBAND, Referat für Migration und Integration (Hrsg.)
/SCHMIEGLITZ, Stefan u.a. (2014): *Unbegleitete minderjährige Flüchtlinge in
Deutschland. Rechtliche Vorgaben und deren Umsetzung.* Freiburg im Breisgau: Lambertus-
Verlag.

DUDEN (2016): http://www.duden.de/rechtschreibung/Bedarf (aufgerufen am 25.05.2016).

DUDEN (2016): http://www.duden.de/suchen/dudenonline/Erwartung (aufgerufen am
28.05.2016).

DIALLO, Aly (1987): *Die Täuschung.* Frankfurt (Main): Nexus Verlag.

DIALLO, Mohamed Mouctar (2000): *Erziehungstraditionen bei den Fulbe im Fuuta-Jaloo
und das heutige moderne Erziehungssystem in Guinea Conakry.* Frankfurt am Main.

DO IT !: *Ehrenamtliche Vormünder für unbegleitete minderjährige Flüchtlinge.* http://www.do-it-transfer.de/ (aufgerufen am 24.05.2016).

ESPENHORST, Niels (2014): *Zwischen den Welten. Unbegleitete minderjährige Flüchtlinge zwischen Jugendhilfe- und Ausländerrecht.* In: Soziale Arbeit. 63. Jahrgang. Eigenverlag Deutsches Zentralinstitut für soziale Fragen.

EUROPÄISCHE UNION, Amtsblatt vom 26.06.2013. L 180/96. Richtlinie 2013/33/EU des Europäischen Parlaments und des Rates.

EV. STIFTUNG OVERDYCK: *Ev. Stiftung Overdyck verstärkt Hilfen für junge Flüchtlinge.* http://www.stiftung-overdyck.de/?id=36560 (aufgerufen am 07.06.2016).

FLICK, Uwe (1998): *Qualitative Forschung. Theorie, Methoden, Anwendungen in Psychologie und Sozialwissenschaften.* 3 Auflage. Reinbek bei Hamburg: Rowohlt Taschenbuch Verlag GmbH.

FLICK, Uwe (Hrsg.) (2006): *Qualitative Evaluationsforschung. Konzepte-Methoden-Umsetzungen.* Reinbek bei Hamburg: Rowohlt Verlag GmbH.

GOBLE, Frank (1979): *Die Dritte Kraft. A.H. Maslows Beitrag zu einer Psychologie seelischer Gesundheit.* Olten: Walter-Verlag AG.

GOTTSCHALK, Franziska (2014): *Übergänge gestalten. Junge Flüchtlinge an der Schwelle von der Schule in den Beruf.* In: GAG, Maren / VOGES, Franziska (Hrsg.) (2014): *Inklusion auf Raten. Zur Teilhabe von Flüchtlingen an Ausbildung und Arbeit.* Waxmann Verlag: Münster, New York

GÜNTHER, Marga (2007): *„So genieße ich jetzt das Single-Leben in Frankfurt".*
Adoleszente Bearbeitung der Migrationssituation. In: RIEGEL, Christine / GEISEN,
Thomas (Hrsg.): *Jugend, Zugehörigkeit und Migration Subjektpositionierung im Kontext
von Jugendkultur, Ethnizitäts- und Geschlechterkonstruktionen.* 2., durchgesehene Auflage.
Wiesbaden: VS Verlag für Sozialwissenschaften / GWV Fachverlage GmbH

HARGASSER, Brigitte (2014): *Unbegleitete minderjährige Flüchtlinge. Sequentielle
Traumatisierungsprozesse und die Aufgaben der Jugendhilfe.* Frankfurt am Main: Brandes &
Apsel Verlag GmbH.

HEIDACK, Clemens (1992): *"Bedarf"- zur Deutung des Begriffes in Wissenschaft und
Praxis. Schriftenreihe der Fachhochschule Düsseldorf.* Düsseldorf.

HOPF, Christel (2005): *Qualitative Inhaltsanalyse.* In: FLICK, Uwe / VON KARDORFF,
Ernst / STEINKE, Ines (Hrsg.) (2005): *Qualitative Forschung. Ein Handbuch.* 4. Auflage.
Reinbek bei Hamburg: Rowohlt Taschenbuch Verlag.

KARSTENS, Claudia / VOIGT, Claudius (2015): *Handreichung. Der Zugang zur
Berufsausbildung und zu den Leistungen der Ausbildungsförderung für junge Flüchtlinge
und junge Neuzugewanderte.* Der Paritätische Gesamtverband (Hrsg.) Berlin.

KINDERSCHUTZBUND BOCHUM: http://www.kinderschutzbund-
bochum.de/angebote/ehrenamtliche-vormundschaft/ (aufgerufen am 24.05.2016).

KING, Vera / SCHWAB, Angelika (2000): *Flucht und Asylsuche als
Entwicklungsbedingungen der Adoleszenz. Ansatzpunkte pädagogischer Begleitung am
Beispiel einer Fallgeschichte.* In: KING, Vera / MÜLLER, Burkhard K. (Hrsg.): *Adoleszenz
und pädagogische Praxis. Bedeutung von Geschlecht, Generation und Herkunft in der
Jugendarbeit.* Freiburg im Breisgau: Lambertus- Verlag.

MASSUMI, Mona/ VON DEWITZ, Nora, et al. (2015): *Neu zugewanderte Kinder und Jugendliche im deutschen Schulsystem. Bestandsaufnahme und Empfehlungen.* Köln: Mercator-Institut für Sprachförderung und Deutsch als Zweitsprache, Zentrum für LehrerInnenbildung der Universität zu Köln.

MAYER, Silke/ QUADE, Nicole (2014) Migrationsdienst der Diakonie Wuppertal (Hrsg.): *Ehrenamtliche Vormundschaften für unbegleitete minderjährige Flüchtlinge. Ein Handbuch für die Praxis.* Wuppertal.

MAYRING, Philipp (2007): *Qualitative Inhaltsanalyse. Grundlagen und Techniken.* 9. Auflage. Weinheim und Basel: Beltz Verlag.

MAYRING, Philipp (2005): *Qualitative Inhaltsanalyse.* In: FLICK, Uwe / VON KARDORFF, Ernst / STEINKE, Ines (Hrsg.) (2005): *Qualitative Forschung. Ein Handbuch.* 4. Auflage. Reinbek bei Hamburg: Rowohlt Taschenbuch Verlag.

MEDIZINISCHE FLÜCHTLINGSHILFE: *Über uns.* http://www.mfh-bochum.de/index.php/ueber-uns-40.html (aufgerufen am 24.05.2016).

MEDIZINISCHE FLÜCHTLINGSHILFE: *Sozialdienst für unbegleitete, minderjährige Flüchtlinge.* http://www.mfh-bochum.de/index.php/sozialdienst-fuer-unbegleitete-minderjaehrige-fluechtlinge.html (aufgerufen am 29.05.2016).

MEIßNER, Andreas (2010): *Vormundschaften für Unbegleitete Minderjährige Flüchtlinge.* In: DIECKHOFF, Petra (Hrsg.) (2010): *Kinderflüchtlinge. Theoretische Grundlagen und berufliches Handeln.* Wiesbaden: GMV Fachverlage GmbH.

MINISTERIUM FÜR SCHULE UND WEITERBILDUNG DES LANDES NRW (2016): *Maßnahmen des Ministeriums für Schule und Weiterbildung des Landes Nordrhein-Westfalen für zugewanderte Kinder und Jugendliche.* Düsseldorf.

RIEDELSHEIMER, Albert (2010): *Altersfestsetzung bei Unbegleiteten Minderjährigen*. In: DIECKHOFF, Petra (Hrsg.) (2010): *Kinderflüchtlinge. Theoretische Grundlagen und berufliches Handeln*. Wiesbaden: GMV Fachverlage GmbH.

RIEGER, Uta (2010): *Kinder auf der Flucht*. In: DIECKHOFF, Petra (Hrsg.) (2010): *Kinderflüchtlinge. Theoretische Grundlagen und berufliches Handeln*. Wiesbaden: GMV Fachverlage GmbH.

SCHUBERT, Klaus / KlEIN, Martina (2016): *Das Politiklexikon*. 6., aktual. u. erw. Aufl. Bonn: Dietz 2016. Lizenzausgabe Bonn: Bundeszentrale für politische Bildung.

TRANSPARENCY INTERNATIONAL DEUTSCHLAND E.V. (2016): *Corruption Perceptions Index 2015*. https://www.transparency.de/Tabellarisches-Ranking.2754.0.html (aufgerufen am 20.05.16).

UNICEF (2013): https://www.unicef.de/presse/2013/unicef-bericht-genitalverstuemmelung/11596 (aufgerufen am 21.05.2016)

UNITED NATIONS HIGH COMMISSIONER FOR REFUGEES: *Die Genfer Konvention von 1951 über die Rechtsstellung der Flüchtlinge: Ihre Bedeutung in der heutigen Zeit*. http://www.unhcr.de/mandat/genfer-fluechtlingskonvention.html (aufgerufen am 07.06.2016).

VOGT, Herbert (2015): *"Sie haben ein starkes Schutzbedürfnis"*. *Zur Situation unbegleiteter minderjähriger Flüchtlinge in Deutschland*. In: Theorie und Praxis der Sozialpädagogik (2015): *Leben, Lernen und Arbeiten in der Kita*. Heft 6, S. 44-45.

WELTGESUNDHEITSORGANISATION (2014): *Der Ebola-Ausbruch in Westafrika und die Risiken für die Europäische Region*. http://www.euro.who.int/de/health-topics/emergencies/ebola-outbreak-2014 (aufgerufen am 21.05.16).

WENSIERSKI VON, Hans-Jürgen / LÜBCKE, Claudia (Hrsg.) (2007): Junge Muslime in Deutschland. Lebenslagen, Aufwachsprozesse und Jugendkulturen. Opladen & Farmington Hills: Verlag Barbara Budrich.

WREDE, Birte (2013): *Allein von Kabul nach Wuppertal. Unbegleitete minderjährige Flüchtlinge in Deutschland.* In: Unsere Jugend (2013): 65 Jg, S. 146- 153.München Basel: Ernst Reinhardt Verlag.

10. Anhang

Anhang A : Adressen Rund um UMF in Bochum, NRW und Deutschland

Bochum:

Medizinische Flüchtlingshilfe Bochum e.V.

Dr. Ruer-Platz 2, 44787

Bochum Tel. 0234 9041380

Fax 0234 9041381

E-Mail: info@mfh-bochum.de

Kinderschutzbund Bochum "Projekt Do it!" -Ehrenamtliche Einzelvormundschaft

Telefon: 0234-3618292

E-Mail: vormundschaft@kinderschutzbund-bochum.de

Jutta Devantié (Dipl. Sozialarbeiterin)

Nicole Quade (Dipl. Sozialpädagogin)

Kommunales Integrationszentrum

http://www.kommunale-integrationszentren-nrw.de/bochum

Jobcenter Bochum

http://www.jobcenter-bochum.de/home/service/information-fuer-fluechtlingefor-refugees.html

Gesundheitsversorgung

http://www.bochum.de/Gesundheitswegweiser-für-Migranten

Informationen

http://here-in-bochum.de/

http://integrationsportal.bochum.de/

http://fluechtlingshilfe-bochum.de/

http://www.bochum.de/C125708500379A31/vwContentByKey/W29YMAT2133BOCMDE

http://www.kirchenkreis-bochum.de/einrichtungen/arbeitskreis-asyl/wir-ueber-uns.html

https://treffpunktasyl.wordpress.com/about/

Jugendmigrationsdienst – Beratungsstelle AWO - Hustadttreff „HUT"

Auf dem Backenberg 15,

448012 Bochum

Tel. 0234 706110,

Fax: 0234 708057

E-Mail: j.tilner@awo-ruhr-mitte.de

Jungendmigrationsdienst Beratungsstelle AWO

Stadtbüro Bleichstr. 8

44787 Bochum

Tel. 0234 96477-0

Fax. 0234 9647731

E-Mail: b.franz@awo-ruhr-mitte.de

Jugendmigrationsdienst Beratungsstelle AWO

Unterbezirk Ruhr-Mitte

CentrumCultur

August-Bebel-Platz 2

44866 Bochum

Tel. 02327 328823

Fax 02327 328824

E-Mail: g.osterkamp@awo-ruhr-mitte.de

NRW:

Flüchtlingsrat NRW

http://www.frnrw.de/

Deutschland:

BumF e.V. - Bundesfachverband unbegleitete minderjährige Flüchtlinge e.V.

Paulsenstr. 55 - 56

12163 Berlin

Telefon: 0308209743-0

Fax: 0308209743-9

http://www.b-umf.de

Email: info@b-umf.de

Informationen für junge Flüchtlinge

https://www.willkommen-bei-freunden.de/

Infos Aufenthaltstitel

http://www.aufenthaltstitel.de/

Asylnet

http://www.asyl.net

Pro Asyl

http://www.proasyl.de/

BAfF

http://www.baff-zentren.org/

Migration-Info

http://www.migration-info.de/

Asyl Info

http://www.infoasyl.de.vu/

Behörden

Bundesamt für Migration und Flüchtlinge (BAMF)

http://www.bamf.de/

Bundesweite Außenstellen im Bereich Asylverfahren

http://www.bamf.de/DE/DasBAMF/Aufbau/Aussenstellen/aussenstellen-node.html

EFF

Europäischer Flüchtlingsfonds

http://www.bamf.de/DE/DasBAMF/EUFonds/EFF/eff-node.html

UNHCR

Das Flüchtlingshilfswerk der Vereinten Nationen

http://www.unhcr.de/

UNO-FH

Die Flüchtlingshilfe der Vereinten Nationen

http://www.uno-fluechtlingshilfe.de/

Anhang B: Transkriptionsregeln [8]

„1.   Es wird wörtlich transkribiert, also nicht lautsprachlich oder zusammenfassend. Vorhandene Dialekte werden möglichst wortgenau ins Hochdeutsche übersetzt. [...]

2.   Wortverschleifungen werden nicht transkribiert, sondern an das Schriftdeutsch angenähert. […]

3.   Wort- und Satzabbrüche sowie Stottern werden geglättet bzw. ausgelassen, Wortdoppelungen nur erfasst, wenn sie als Stilmittel zur Betonung genutzt werden. [...] „Ganze" Halbsätze, denen nur die Vollendung fehlt, werden jedoch erfasst und mit dem Abbruchzeichen / gekennzeichnet.

4.   Interpunktion wird zu Gunsten der Lesbarkeit geglättet, das heißt bei kurzem Senken der Stimme oder uneindeutiger Betonung wird eher ein Punkt als ein Komma gesetzt. Dabei sollen Sinneinheiten beibehalten werden.

5.   Pausen werden durch drei Auslassungspunkte in Klammern (…) markiert.

6.   Verständnissignale des gerade nicht Sprechenden wie „mhm, aha, ja, genau, ähm" etc. werden nicht transkribiert. AUSNAHME: Eine Antwort besteht NUR aus „mhm" ohne jegliche weitere Ausführung. Dies wird als „mhm (bejahend)", oder „mhm (verneinend)" erfasst, je nach Interpretation.

7.   Besonders betonte Wörter oder Äußerungen werden durch GROSSSCHREIBUNG gekennzeichnet.

8.   Jeder Sprecherbeitrag erhält eigene Absätze. Zwischen den Sprechern gibt es eine freie, leere Zeile. Auch kurze Einwürfe werden in einem separaten Absatz transkribiert. […]

9.   Emotionale nonverbale Äußerungen der befragten Person und des Interviewers, die die Aussage unterstützen oder verdeutlichen (etwa wie lachen oder seufzen), werden beim Einsatz in Klammern notiert. [...]".

---

8 (Quelle: DRESING, Thorsten / PEHL, Thorsten (2013): Praxisbuch Interview, Transkription & Analyse. Anleitungen und Regelsysteme für qualitativ Forschende. 5. Auflage. Marburg. Eigenverlag. www.audiotranskription.de/praxisbuch (aufgerufen am 06.04.2016)